WER WIR WAREN

DAS BUCH
ZUM FILM

HERAUSGEGEBEN VON
MARC BAUDER
UND LARS ABROMEIT

NACH
ROGER WILLEMSENS
ZUKUNFTSREDE

ALEXANDER GERST
ASTRONAUT

DENNIS SNOWER
ÖKONOM

JANINA LOH
KRITISCHE POSTHUMANISTIN

SYLVIA EARLE
OZEANOLOGIN

FELWINE SARR
PHILOSOPH

MATTHIEU RICARD
MÖNCH UND MOLEKULARBIOLOGE

WER WIR WAREN

DAS BUCH
ZUM FILM

HERAUSGEGEBEN VON
MARC BAUDER
UND LARS ABROMEIT

NACH
ROGER WILLEMSENS
ZUKUNFTSREDE

DK

»**WIR WAREN DIE, DIE VERSCHWANDEN.** WIR LEBTEN ALS DER MENSCH, DER SICH IN DER TÜR UMDREHT, NOCH ETWAS SAGEN WILL, ABER NICHTS MEHR ZU SAGEN HAT.

AUF UNSEREM ÜBERLEBEN BESTANDEN WIR NICHT, DENN UNSER KAPITULIEREN WAR AUCH EIN ›MIT-DER-ZEIT-GEHEN‹. WIR HATTEN UNSEREM VERSCHWINDEN NICHTS ENTGEGENZUSETZEN.

WIR WAREN JENE, DIE WUSSTEN, ABER NICHT VERSTANDEN. VOLLER INFORMATION, ABER OHNE ERKENNTNIS. RANDVOLL MIT WISSEN, ABER MAGER AN ERFAHRUNG.
SO GINGEN WIR, NICHT AUFGEHALTEN VON UNS SELBST.«

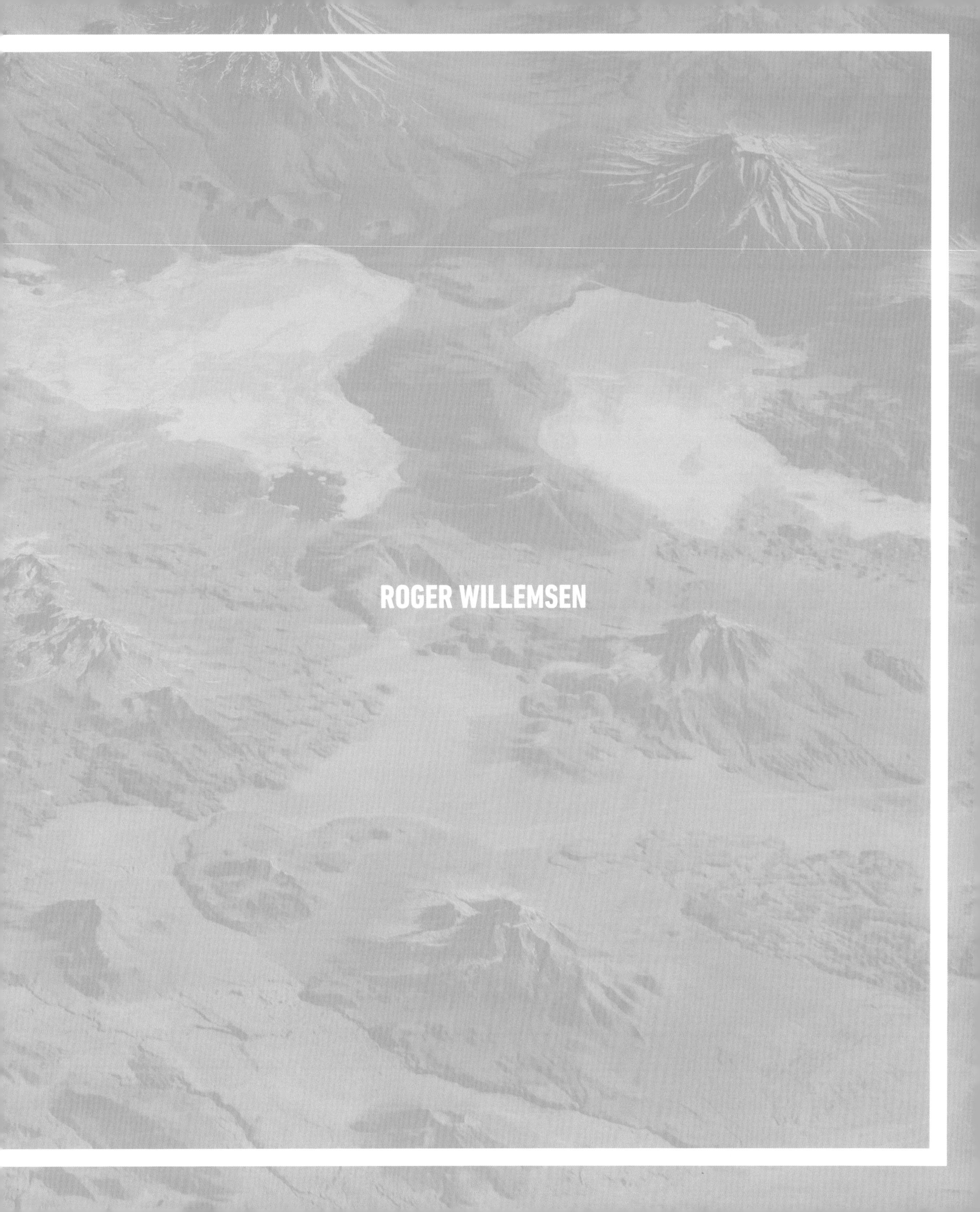

ROGER WILLEMSEN

WER WERDEN WIR GEWESEN SEIN?
VORWORT DER HERAUSGEBER

Die Triebwerke zündeten; sie spien gleißende Flammen und eine donnernde Druckwelle aus – so heftig, dass wir sie selbst in anderthalb Kilometern Entfernung noch deutlich spüren konnten. Die Rakete hob ab, stieg wie von Fäden gezogen über der Steppe von Kasachstan in den Himmel. Und wir verfolgten, wie die Crew um den Astronauten Alexander Gerst an Bord ihres Raumschiffs unseren Planeten verließ – die Erde.

Es war ein beeindruckendes Erlebnis, aber auch eines von jenen, die nachdenklich machen: In welcher Welt, welcher Zeit leben wir, dass wir Menschen ins All schicken können, aber nicht in der Lage sind, hier am Boden mit unserem Heimatplaneten vernünftig umzugehen?

Mit dem Raketenstart in der Steppe hat dieses Projekt begonnen: Lars war nach Baikonur gekommen, um für *GEO* an einer Serie von Geschichten über Gersts zweite Mission auf der Raumstation ISS zu schreiben. Marc wollte mit dem Kameramann Börres Weiffenbach hier die ersten Szenen für seinen neuen Dokumentarfilm drehen. »WER WIR WAREN« sollte er heißen – und mit filmischen Mitteln einen Gedanken aufnehmen und fortführen, den der Schriftsteller Roger Willemsen in einer gleichnamigen Rede kurz vor seinem Tod im Jahr 2015 entwickelt hatte: Wie werden künftige Generationen über uns urteilen – und über unseren Umgang mit ihrer Zukunft?

Uns allen ist längst bewusst: Wir leben in einer vernetzten Welt. Alles hängt miteinander zusammen. Gleichzeitig aber wissen wir auch, dass die gegenwärtigen Prozesse von Globalisierung und stetigem Wachstum weder stabil noch fair oder nachhaltig sind. Die Konsequenzen unseres Lebens und Handelns sind so dramatisch, dass uns voraussichtlich alle folgenden Generationen an unseren globalen Spuren der Zerstörung erkennen werden.

Die Entscheidungen, die wir heute über die Gestaltung unserer Welt treffen, bestimmen die Zukunft der Menschheit auf dem Planeten. Doch anstelle eines gesamtgesellschaftlichen Aufbruchs herrschen oft Resignation und Ratlosigkeit. Wir erklären uns selbst für unmündig, die komplexen Probleme ausreichend zu durchdringen und daraus Lösungen abzuleiten. Oder um es mit Roger Willemsen zu sagen: »Wir lehren uns, wie das geht, Nichtwissen im Wissen zu behaupten; nicht gewusst zu haben, während man doch wusste.«

Wie können wir daraus ausbrechen, wie stattdessen aktiv unsere Welt zum Besseren wenden und für unsere Nachkommen erhalten? Wie lassen sich die globalen Prozesse fairer und nachhaltiger gestalten?

Diesen Fragen geht der Film »WER WIR WAREN« nach und stellt dazu sechs charismatische Wissenschaftler*innen vor, die aus unterschiedlichen Perspektiven an Lösungsansätzen arbeiten: vom Dach der Welt im Himalaya bis zur Tiefsee, vom Wirtschaftsgipfel bis in die Weiten des Senegals und zur neuesten Entwicklung von »künstlicher Intelligenz« in Japan. Vom Astronauten Alexander Gerst bis zum Molekularbiologen und Mönch Matthieu Ricard, vom Ökonom Dennis Snower zur Meeresforscherin Sylvia Earle, von der kritischen Post-Humanistin und Roboterethikerin Janina Loh bis zum Philosophen Felwine Sarr, Vertreter eines neuen afrikanischen Selbstbewusstseins. Sie alle suchen schon jetzt nach Möglichkeiten, tatsächlich und ganz praktisch unsere Welt zu retten.

In der Anlaufphase des Filmprojekts, unter anderem während der Tage in Kasachstan, haben wir über die Ausgestaltung dieses Konzeptes viel diskutiert. Dabei wurde uns klar, dass der Dokumentarfilm die Lösungsansätze der Wissenschaftler*innen nur anreißen kann. Um der Komplexität ihrer Gedanken und Perspektiven gerechter zu werden, bräuchten wir als Ergänzung: ein Buch. Und so haben wir uns zusammengetan, um mit diesem Werk die verschiedenen Denkanstöße des Films weiter zu vertiefen und ihre Verknüpfungen aufzuzeigen.

Während der Dreharbeiten und Recherche in Kalifornien: Lars Abromeit (l.) und Marc Bauder

Dabei haben wir den Wissenschaftler*innen weitgehend selbst das Wort überlassen: Die sechs Kapitel erzählen in sehr persönlichen, abwechslungsreichen Formen von unseren »Held*innen« – mal als Essays oder als Gespräch, mal als Synthese aus Tagebucheinträgen und mal, bei der Meeresforscherin Sylvia Earle, als Porträt: Im September 2019 haben wir sie gemeinsam in Kalifornien besucht und begleitet – und greifen hier Szenen und Interviews aus den Dreharbeiten auf.

Mit den sechs Vorbildern des »WER WIR WAREN«-Projekts blicken wir auf die Wurzeln unseres menschlichen Verhaltens und sehen, dass unsere gegenwärtige Situation weder unvermeidlich noch unveränderlich ist. Ihre Beispiele können uns inspirieren, selbst zu handeln und einen eigenen Teil dazu beizutragen, die größte Herausforderung anzugehen, die wir Menschen je hatten: unseren Nachfahren auf diesem bedrohten Planeten eine lebenswerte Zukunft zu ermöglichen.

Wir sind davon überzeugt, dass das machbar ist. Denn die Geschichte hat gezeigt, dass die scheinbar unwahrscheinlichsten Möglichkeiten oft Wirklichkeit wurden – weil jeder Einzelne von uns mehr Gestaltungsspielraum hat, als die meisten von uns es sich zugestehen wollen.

Marc Bauder und Lars Abromeit, Berlin/Hamburg, 2021

ENDLICH WIRKLICHKEIT!
ROGER WILLEMSENS ZUKUNFTSREDE »WER WIR WAREN«

Roger Willemsen war eine der führenden intellektuellen Stimmen unseres Landes. Schon sehr früh, bereits in den Bonner Kindheitsjahren, hatte er mit dem Schreiben begonnen und schuf bis zu seinem Tod ein umfangreiches, vielseitiges literarisches Werk: von irren, das Scheitern herausfordernden Romanen wie *Figuren der Willkür* (1987) über Reiseliteratur wie *Afghanische Reise* (2006), *Bangkok Noir* (2009) und *Enden der Welt* (2010) bis zu politischen Interventionen, etwa *Hier spricht Guantánamo* (2006) und sein letztes großes Buch *Das Hohe Haus* (2014), für das er ein Jahr im Deutschen Bundestag saß. Immer beeindruckt seine rhetorische Begabung, die Schärfe seiner Beobachtungen und, vor allem anderen, der unbedingte Wille zur Relevanz seiner Stoffe. Karl Kraus, Cesare Pavese, Joseph Roth, Kurt Tucholsky – das sind Namen, die einem einfallen, wenn man Roger Willemsen liest.

Populär wurde Roger Willemsen in den 90er Jahren. In jenem Jahrzehnt also, in dem sich für einen Moment ein Spalt auftat und alles möglich schien. Auch für einen jungen Intellektuellen, der eine vielversprechende akademische Karriere aufgegeben hatte, um als Übersetzer, Schriftsteller und Korrespondent in London zu leben, und wie aus dem Nichts mit einer Talkshow namens »0137« das Medium Fernsehen revolutionierte. Niemand fragte so direkt wie Willemsen. Niemand hatte einen solchen Blick für Menschen und Themen und war so unkonventionell und standhaft, wenn es darum ging, weder die Gäste noch das Publikum zu unterschätzen. Legendär ist bis heute sein Interview mit Helmut Markwort.

Als diese Revolution Routine zu werden drohte, ließ er auch das wieder sein, entwickelte Bühnenprogramme, schrieb Kolumnen wie *Willemsens Jahreszeiten* und Bücher, die trotz ihres Anspruchs stets ein großes Publikum fanden. Als politischer Beobachter seiner Zeit und als geistesgegenwärtiger Gesellschaftskritiker hat er wie kein Zweiter analytische Intelligenz und stilistische Brillanz mit Integrität, Lebenslust und Humor zu verbinden gewusst, ob er als Schirmherr des Afghanischen Frauenvereins auftrat und aufklärte oder über das Phänomen »Helene Fischer« schrieb. Als er am 7. Februar 2016 nach kurzer Krankheit starb, hinterließ er eine Lücke, die sich bis heute nicht geschlossen hat. Es gibt niemanden seinesgleichen, er war eine Jahrhundertgestalt.

Hinter dem übersprudelnden, immer wachen, lebens- und streitlustigen Mann der Öffentlichkeit gab es eine Persönlichkeit, die eher melancholisch auf die Welt und ihren Lauf blickte. Man begegnet diesem Roger Willemsen abseits der Bühnen in seinen Texten. So auch in seinem letzten Text. Eine Rede, die er 2015 als Dankesrede für die Ehrengabe der Heinrich-Heine-Gesellschaft in Düsseldorf gehalten hat. Eine Zukunftsrede, die das nächste Buch vorbereiten sollte, das er dann nicht mehr realisieren konnte. Nur den Titel gab es: »Wer wir waren« sollte es heißen.

Noch im Jahr seines Todes habe ich Roger Willemsens Rede veröffentlicht. Das hatte zwei Gründe: Ich wollte all den Menschen, die sich nicht von ihm verabschieden konnten und deren Trauer mich und seinen Freundeskreis erreichte, ein Zeichen von ihm zukommen lassen. Und ich wusste, wie wichtig ihm diese Rede gewesen war. Ich erinnere mich gut daran, wie enttäuscht, ja fast verzweifelt er wegen der ausbleibenden Resonanz war, als er sie hielt. Es war ein heißer Sommertag. Er wusste noch nichts von seiner Erkrankung, aber ich erinnere mich, dass es ihm an diesem Tag nicht gut ging. Und dann schienen die Menschen, die in Feierstimmung waren und den Komödianten erwartet hatten, nicht zu verstehen, wie ernst es ihm mit seinem Vorhaben war: »Erspare ich mir die müßige Frage danach, wie wir wohl künftig sein werden, und nutze die Zukunft vielmehr als die Perspektive meiner Betrachtung der Gegenwart, dann werde ich nicht mehr fragen, wer wir sind, sondern wer wir gewesen sein werden.«

Es ist nicht schmeichelhaft, was aus dieser Perspektive sichtbar wird. »Wer wir waren« ist eine bittere Bilanz, geprägt von einem fast resignativen Gestus, der gar nicht passen will zu dem Bild des kämpferischen Autors, Bühnenkünstlers und Redners, der noch auf völlig verlorenem Posten immer bereit war, die Stellung zu halten. Mit Gleichgültigkeit kam man nicht durch bei Roger Willemsen, der sich selbst abverlangte, aufmerksam zu bleiben, dem einzelnen Menschen gegenüber ebenso wie den Verhältnissen.

»Wir können es nicht mehr hören, nicht wahr?«, fragt er in seiner Rede. »Wenn man es genau bedenkt, ist vom Anfang aller Tage an alles immer schlechter geworden. Luft und Wasser sowieso, dann die Manieren, die politischen Persönlichkeiten, der Zusammenhalt unter den Menschen, das Herrentennis und das Aroma der Tomaten.« Er spottet, und es ist ihm ernst.

Die Zukunft, meinte Roger Willemsen, »ist unser röhrender Hirsch über dem Sofa, ein Kitsch, vollgesogen mit rührender Sehnsucht und Schwindel«. Genauso verkaufe sie sich gut. Als Droge für die kollektive Angstlust, die dafür sorgt, dass sich nichts ändert: »Die Welten der Zeitung, der Wissenschaft, der Literatur und Fotografie, des Films, des Fernsehens sind geradezu kontaminiert von den Bildern des Unheils.« Bilder, die wir »mit derselben Routine ins Abseits« sehen, »ins Periphere, Übersehene, wenn nicht Unsichtbare« verschieben. »Sie lehren uns«, schreibt Willemsen, »wie das geht: Nichtwissen im Wissen zu behaupten; nicht gewusst zu haben werden, während man doch wusste.«

»Woher nehmen wir nur all unser Nichtwissen?«, fragt er. Und antwortet: »Aus der Ignoranz weniger als aus der Ironie, sie bildet eine Immunschicht des Uneigentlichen gleichermaßen vor dem Ernst der Verhältnisse wie vor der Moral der Konsequenz.« Es ist keine kulturpessimistische Haltung, die diesen Text prägt. Keine Kritik von oben herab. Roger Willemsen bezieht sich ein, als Zeitgenosse, als Teil einer Entwicklung, die er zu verstehen versucht, wie immer fasziniert von den Möglichkeiten des menschlichen Bewusstseins, auch in seinen Beschränkungen und Manipulationen. Er beobachtet, eigentlich ohne Wertung, aber voller Melancholie. Und er nutzt seine Möglichkeiten um das, was »wir« alle wissen, so zu formulieren, dass man es nicht ins Abseits sehen kann, weil es dafür viel zu originell ist und zu aufrichtig im Ton. Das macht diese Rede zu einem Appell und also wirklich zu einem Vermächtnis.

Verlässt das Leben einen Menschen nach und nach, kehrt er im gleichen Zug der Welt den Rücken, als wäre das Theater, das wir täglich aufführen, nicht mehr tragbar. Roger Willemsen sah in den Wochen vor seinem Tod keine Spielfilme mehr, las keine Romane, hörte nur noch sehr ausgewählte Musik, irgendwann auch die nicht mehr. Aber: Dokumentationen – sofern sie nicht durch Musik verkitscht, also mit manipulativem Gefühlsimperativ übertüncht wurden – und Sportübertragungen. Das »Grün wirklicher Grüne«, wie es in einem Gedicht von Rainer Maria Rilke heißt, einem Gedicht mit dem Titel *Todeserfahrung*. Er suche nach Wirklichkeit, sagte Roger Willemsen zu mir. Eine Abkehr als Zuwendung.

Zwei Jahre nach Roger Willemsens Tod schrieb mir der Filmemacher Marc Bauder und berichtete von dem starken Eindruck, den *Wer wir waren* auf ihn gemacht hatte. Wir trafen uns, und er erzählte von einer Dokumentarfilm-Idee, mit der er gedanklich an seinen Film *Master of the Universe* anknüpfen wollte. Wieder drei Jahre später gab es diesen Film. WER WIR WAREN von Marc Bauder wirkt wie die künstlerische und intellektuelle Resonanz auf Roger Willemsens Gedanken und Sprache, die er sich damals in Düsseldorf gewünscht hatte. Ganz aus Marc Bauders eigenen Arbeiten heraus entstanden, konkretisiert der Film, was Roger Willemsens Text vorgelagert ist. Als würde Marc Bauder durch die engagierten Denker*innen, die er in den Film geholt hat, Roger Willemsens Quellen in Szene setzen.

Die Figuren im Film – eine Meeresbiologin, ein buddhistischer Mönch, eine Philosophin und ein Sozialwissenschaftler, ein Wirtschaftswissenschaftler und ein Astronaut – stehen für Haltungen, ohne die keine kritische Existenz möglich ist. Ihre Elemente: Vertrauen, ein kindliches Staunen, Mitgefühl, Rationalität, Neugier. Wovon diese Menschen erzählen, ist die Fragilität der globalen Gesellschaft und des Planeten. Eine kritische Bestandsaufnahme, ins Zukünftige gewendet. Denn wie die Lektüre von Roger Willemsens Zukunftsrede »Wer wir waren« wirkt auch Marc Bauders Film nicht demoralisierend und lähmend. Im Gegenteil: Marc Bauder hat mit seinem Team ein zerbrechliches und fragiles Kunstwerk orchestriert, das der Schönheit und dem Leben gewidmet ist und seine Radikalität und Kraft aus dem Vertrauen gewinnt, das es in sein Publikum setzt. *WER WIR WAREN* zeigt eine Gesellschaft auf dem Sprung – und zwar nicht zwingend in die Katastrophe. Er zeigt das Menschenmögliche. Und darum ging es auch Roger Willemsen, sein Leben lang.

Insa Wilke, Berlin 2021

ALLES,

WAS WIR HABEN

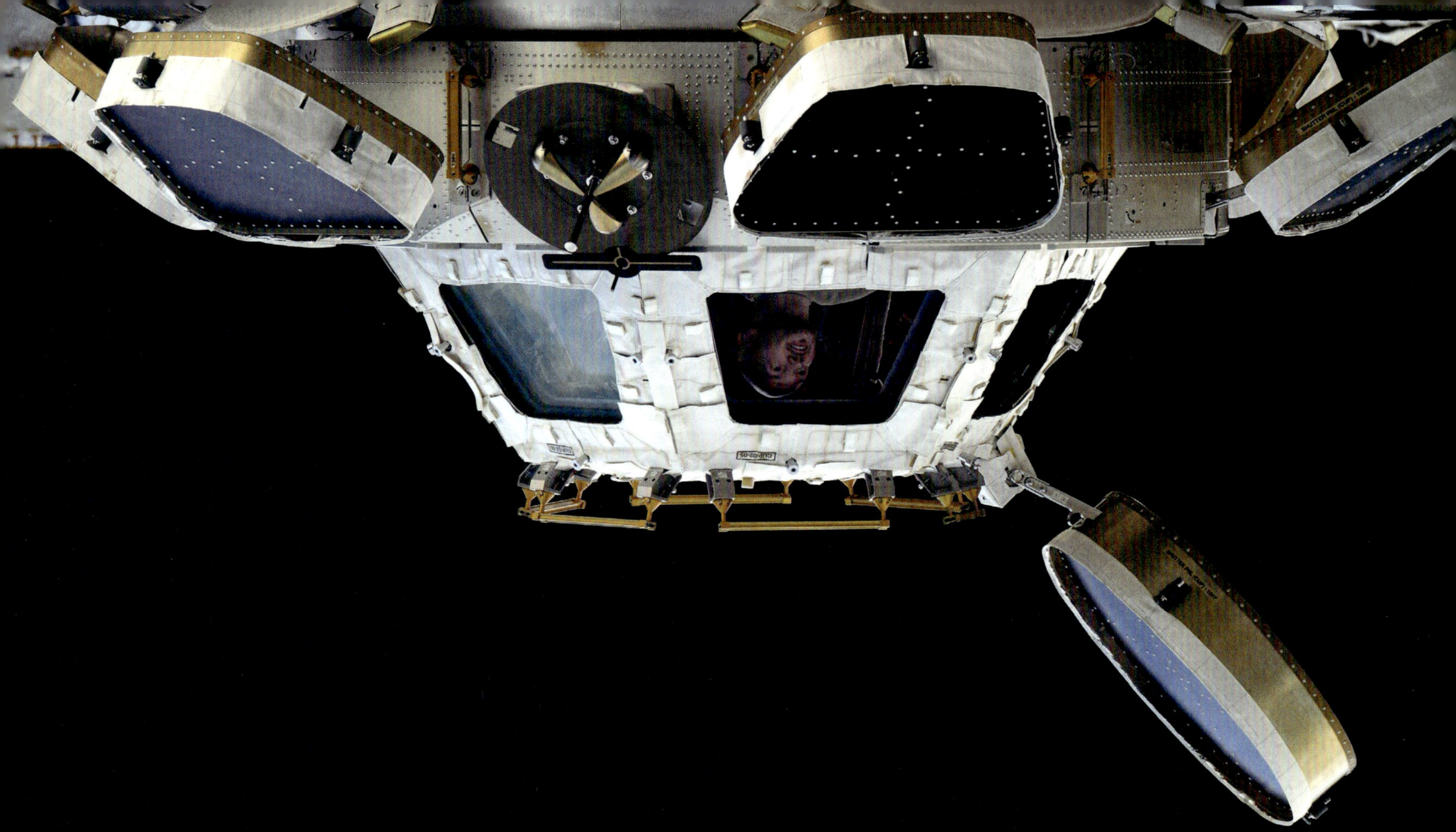

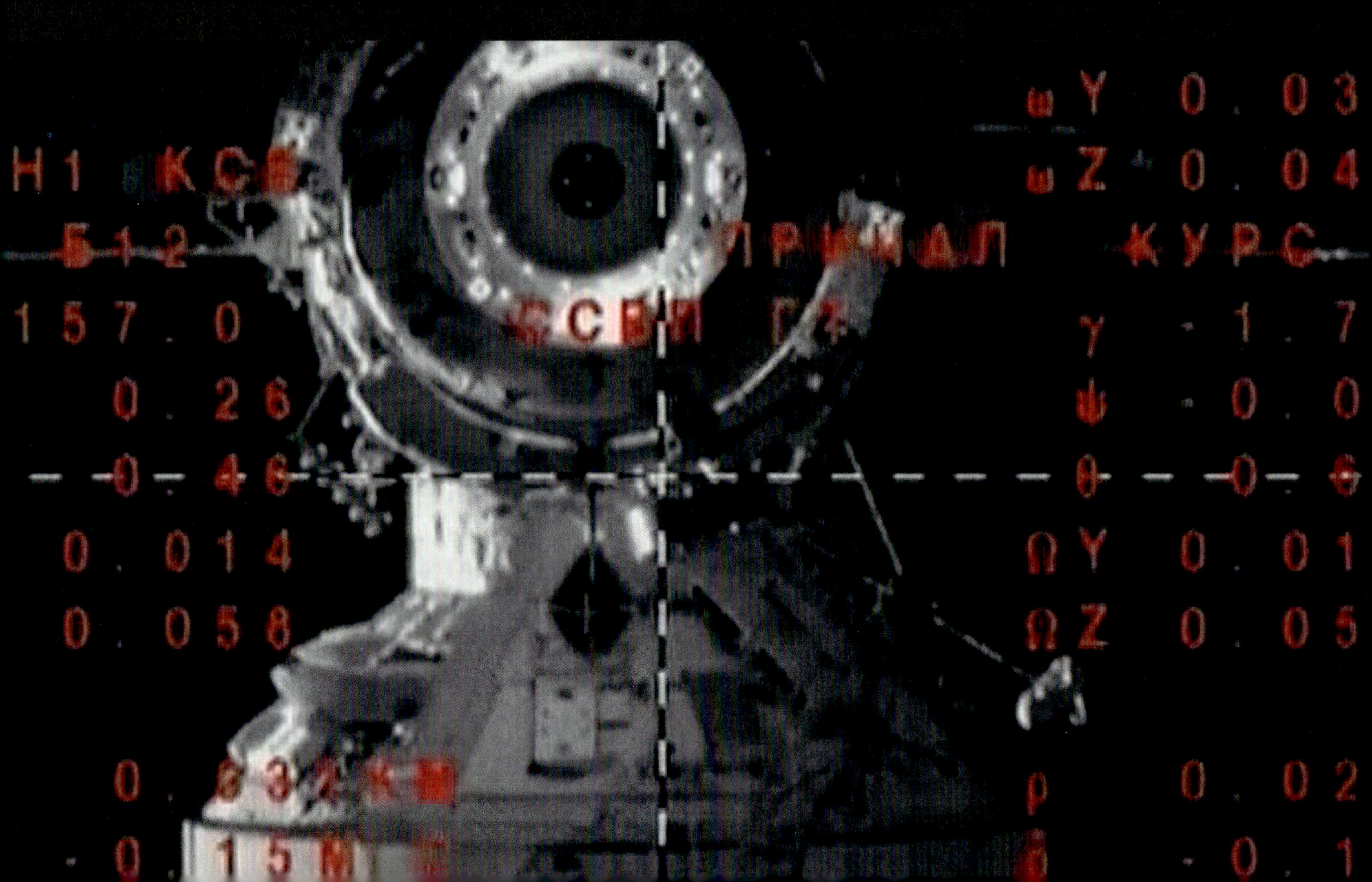

H1
ПРИЧАЛ
КУРС
157.0
0.26
-0.46
0.014
0.058
ΩY 0.01
ΩZ 0.05

ALEXANDER GERST

DIE WELT IM ÜBERBLICK

»Aus der Ferne wirkt es verrückt, wie wir mit unserem kleinen Planeten umgehen«, sagt er. Dr. Alexander Gerst, geboren 1976 in Künzelsau, erforschte als Geophysiker aktive Vulkane, bevor er 2009 in das Astronautenkorps der Europäischen Weltraumorganisation ESA aufgenommen wurde. 2014 flog er für seine erste Mission (»Blue Dot«) zur Raumstation ISS, 2018 absolvierte er eine zweite Mission mit dem Namen »Horizons«. Dabei übernahm er drei Monate lang, als erster Deutscher und zweiter Europäer, das Kommando über die ISS – 400 Kilometer über dem Erdboden.

Insgesamt war Gerst fast ein Jahr lang im All. Wann immer die Arbeit auf der Station es erlaubte, hat er zur Erde zurückgeblickt. Was bedeutet es, unsere Heimat vom Weltraum aus zu betrachten?

In russischen Raumschiffen der »Sojus«-Reihe startete Gerst für seine beiden Missionen zur Internationalen Raumstation (ISS). Einer der faszinierendsten Anblicke aus dem All: die Banks Peninsula in Neuseeland (rechts).

»VON DER RAUMSTATION SEHEN WIR DIE ERDE ALS **EINE BLAUE OASE**, UMGEBEN VON SCHWARZEM, LEBENSFEINDLICHEM NICHTS.«

Im Süden Neuseelands, bei Christchurch, ragt eine verwunschene Halbinsel in den Pazifik: die Banks Peninsula. Kaum eine Straße durchzieht die zerklüfteten Landzungen ihrer Fjorde. Nur Schafweiden und ein paar Waldflecken aus vom Wind tief gebeugten Bäumen erstrecken sich bis zur Küste. Davor: schwarze Klippen aus Vulkangestein, einsame Strände.

Als ich vor Jahren hier wandern war, habe ich oft fasziniert auf das Meer geschaut: Es wechselte vier Mal am Tag seine Farbe! Das Spektrum reichte von Dunkelblau über Grün bis zu hellem Türkis. Es sah magisch aus. Doch ich konnte nicht nachvollziehen, wie dieser Farbrausch zustande kam. Erst viel später habe ich die Erklärung dafür gefunden – im All.

Als Astronaut der Europäischen Raumfahrtagentur ESA durfte ich bislang zweimal, 2014 und 2018, zur Raumstation ISS fliegen. 363 Tage lang habe ich dort gelebt und gearbeitet. Gemeinsam mit meinen internationalen Kolleg*innen haben wir in der Schwerelosigkeit viele wichtige, spannende Forschungsprojekte durchgeführt und neue Technologien erprobt. Mein unangefochtener Lieblingsplatz auf der ISS aber war immer die »Cupola« – das Aussichtsmodul der Station, das einen grandiosen Blick auf die Erde gewährt: unsere Heimat im Weltraum.

In kosmischen Dimensionen gerechnet, sind wir auf der ISS gar nicht sonderlich weit vom Erdboden weg, nur 400 Kilometer; genau genommen schrammen wir sogar noch an den äußeren Schichten der Erdatmosphäre entlang. Doch die Entfernung genügt: Sie bringt eine vollkommen andere, die Augen öffnende Perspektive auf unsere Welt mit sich.

Von der ISS nämlich sehen wir die Erde als kleinen, begrenzten Ort. Eine blaue Oase, umgeben von Abermillionen Sternen und schwarzem, lebensfeindlichem Nichts: Das ist alles, was wir haben.

»MANCHMAL MUSS MAN ETWAS ZURÜCKTRETEN, UM DIE ZUSAMMENHÄNGE ZU SEHEN – **DAS GROSSE GANZE**. IN UNSEREM ALLTAG DENKEN WIR OFT, UNSERE WELT SEI UNENDLICH GROSS. AUS DEM ALL ABER WIRD EINEM SCHLAGARTIG KLAR: **DIE ERDE GLEICHT EINEM WINZIGEN RAUMSCHIFF,** DAS MIT KNAPPEN RESSOURCEN DIE SONNE UMKREIST.«

EINE WINZIGE WELT, IN DER ALLES MIT ALLEM ZUSAMMENHÄNGT

Zunächst einmal ist beruhigend, dass die Landschaften – die Gebirge und Wüsten, Flüsse und Meere – tatsächlich genauso aussehen, wie sie im Atlas gezeichnet sind. Die Karten sind nicht erfunden. Doch es gibt keine Ländergrenzen zu sehen. Natürlich nicht! Dass diese offensichtliche Tatsache mich überhaupt irritieren konnte, hat mir zu denken gegeben. Und schnell wird dort oben klar: Die Erde wirkt wie ein komplexer, lebender Organismus, in dem alles mit allem verbunden ist.

Wir können Wirbelstürme verfolgen, die manchmal mehr Platz auf dem Globus einnehmen, als wir von der ISS überschauen können, und dabei mit zerstörerischer Gewalt von einer Pazifikküste zur anderen jagen. Wir sehen Staubfahnen, die Nährstoffe aus der Sahara nach Südamerika tragen und damit die Regenwälder am Amazonas düngen. Wolken formen bizarre Gebilde wie Fantasiefiguren und werfen Schatten, die manchmal tausende Kilometer weit reichen. Vulkane erzeugen atmosphärische Strömungsmuster, die an die Bugwellen von Schiffen erinnern. Sternschnuppen bohren sich als goldene Speere in die Lufthülle des Planeten, und Polarlichter zucken wie grüne Flammen über das Firmament – alles unter uns.

Wir sehen, wie sehr die Landmassen auf der Erde von Wüsten geprägt werden. Und schließlich konnte ich auch erkennen, warum sich das Meerwasser vor der Küste der Banks Peninsula in Neuseeland ständig verfärbt: Hier münden türkisgrüne Schmelzwasserflüsse aus den vergletscherten Bergen ins Meer, laden dort Sedimente ab und vermischen sich mit den Strömungswirbeln des Ozeans.

Manchmal muss man etwas zurücktreten, um die Zusammenhänge zu sehen – das große Ganze. In unserem Alltag denken wir oft, unsere Welt sei unendlich groß. Wir bemerken kaum, wie wir unsere Ressourcen verbrauchen und unsere Umwelt belasten. Der Himmel, die Meere, das Erdreich – all dies wirkt so grenzenlos, dass wir glauben, wir könnten es niemals wirklich verändern. In menschlichen Zeitdimensionen gerechnet, verläuft der Wandel so langsam, dass wir ihn kaum erfassen. Und oft treffen die Folgen unseres Handelns gar nicht so sehr uns selbst, sondern vor allem die folgenden Generationen – oder die Einwohner anderer, ferner Länder. Doch viele denken: Was habe ich mit den Menschen auf anderen Kontinenten zu tun?

Aus dem Weltall aber wird einem bewusst: Die Erde gleicht einem winzigen Raumschiff, das mit knappen Ressourcen die Sonne umkreist. Was immer wir darauf tun, hat Konsequenzen für unsere Mitmenschen, meist auch für jene in anderen Weltregionen und Zeitzonen.

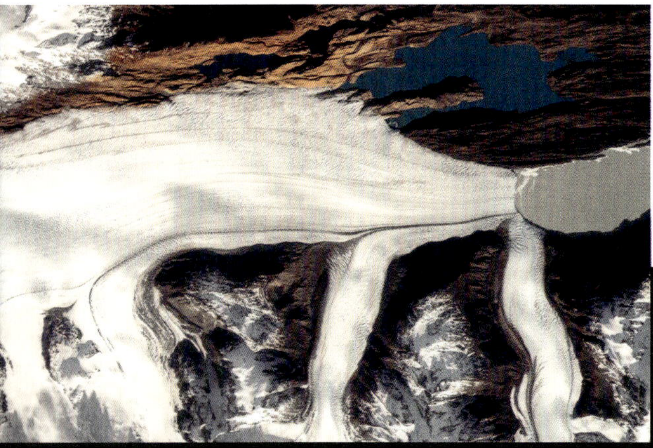

»WIR ALLE SIND ASTRONAUTINNEN UND ASTRONAUTEN AUF DEM RAUMSCHIFF ERDE: **EINE GEMEINSAME CREW.**«

Kunstwerk Erde: Gletscher in Patagonien (links), Sandwüsten Afrikas (rechts oben), Korallenriffe in der Karibik (rechts unten).

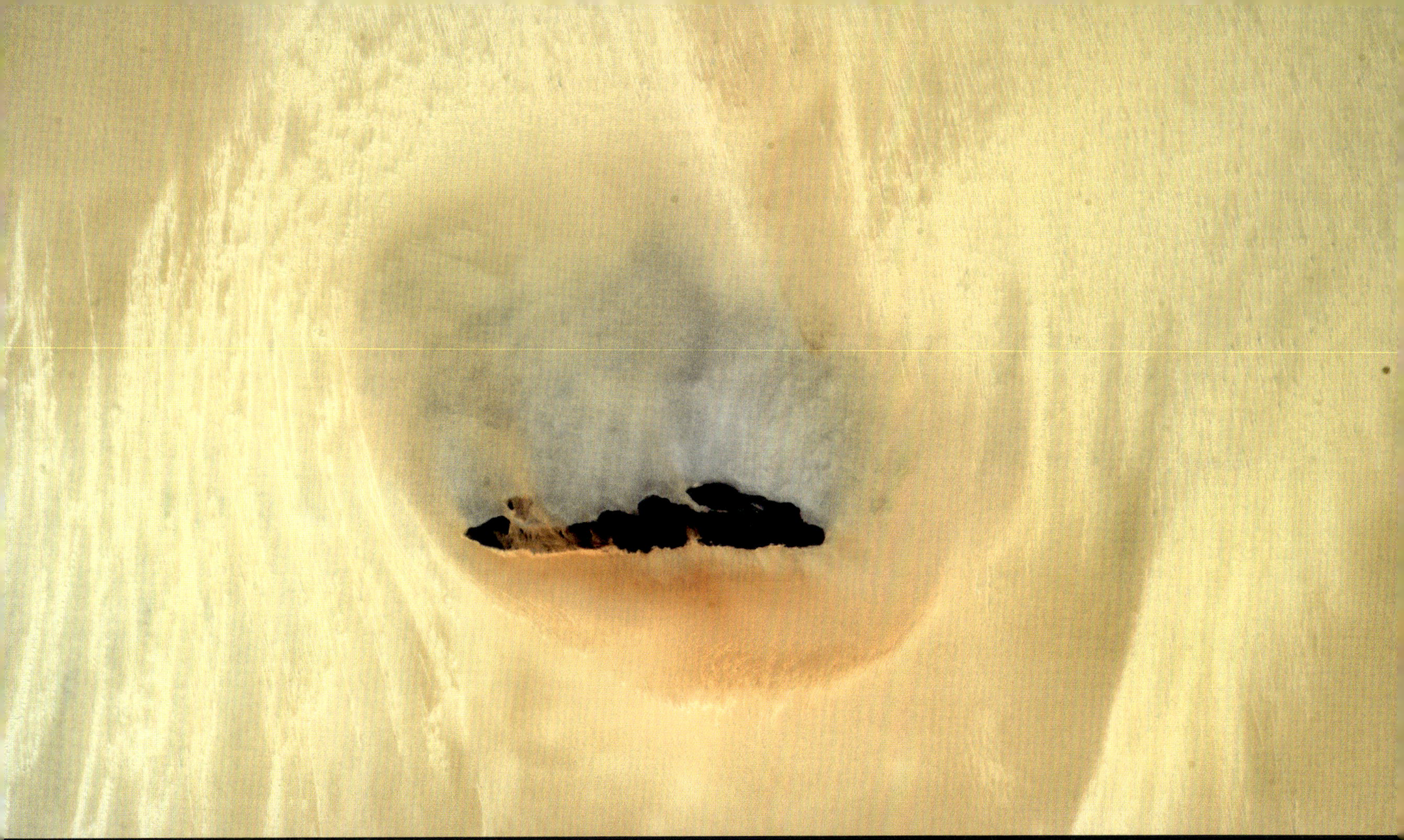

»ALS OB JEMAND EINEN GIGANTISCHEN STÖPSEL AUS DER ERDE GEZOGEN HÄTTE: **DAS AUGE EINES WÜTENDEN STURMS.**«

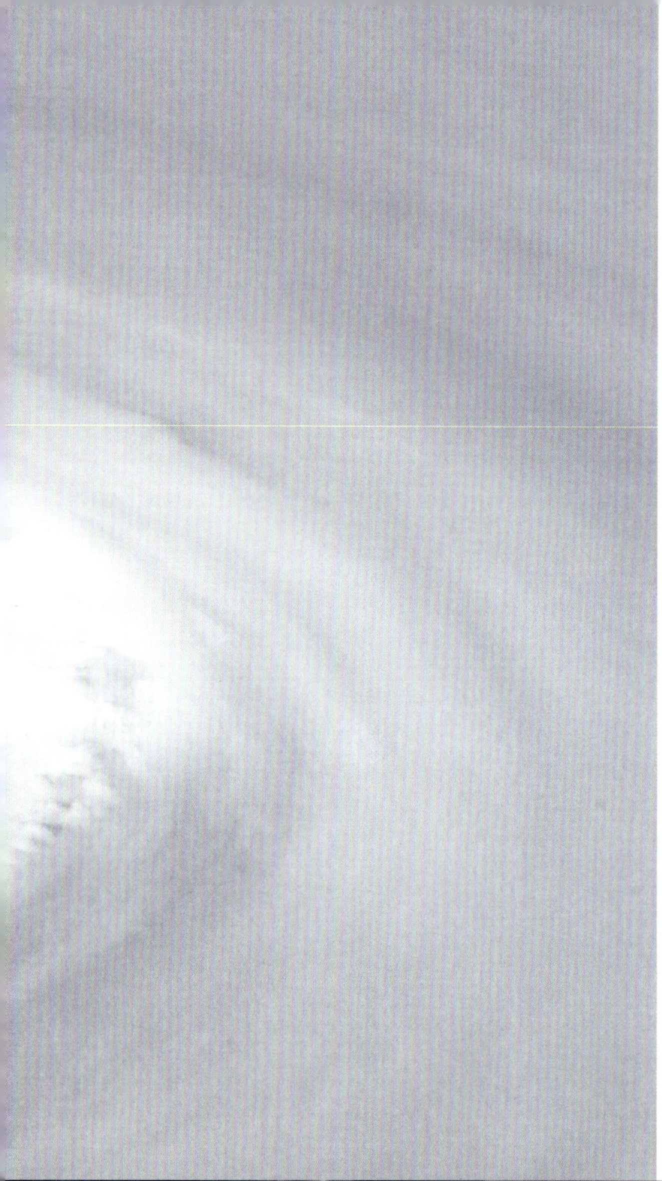

Gebannt beobachtet die Besatzung der ISS im September 2018, wie der Supertaifun Trami mit Windgeschwindigkeiten von bis zu 260 Kilometern pro Stunde über den Pazifik rast.

DER VERLETZLICHE BLAUE PUNKT

Die Erde sieht aus dem All wunderschön aus, und ich bin sicher: Dieser Anblick hat jeden einzelnen Astronauten und jede einzelne Astronautin berührt und mit Ehrfurcht erfüllt.

Schon die frühen Apollo-Piloten berichten davon: Eigentlich war ihr Fokus ganz auf den Mond ausgerichtet. Sie hatten schwierige Flugmanöver zu absolvieren, die niemand zuvor versucht hatte. Sie mussten sich über Jahre extrem hart vorbereiten. Und als sie den Mond erreichten, staunten sie über seine zerklüftete, karge Oberfläche und seinen pechschwarzen Himmel über dem stark gekrümmten, von Kratern gesprenkelten Horizont. Noch viel mehr aber faszinierte sie eine Erfahrung, deren Bedeutung die meisten von ihnen wohl unterschätzt hatten: der Blick zurück.

Die Mannschaft der Apollo-8-Mission, die als erste den Mond umkreiste, richtete ihre Kameras kurz vor Weihnachten 1968 Richtung Erde: So konnten die Astronauten, und mit ihnen Millionen von Fernsehzuschauer*innen, zum ersten Mal sehen, wie unser Heimatplanet am Firmament eines anderen Himmelskörpers im Weltraum erschien: ein Gestirn unter vielen – und doch einmalig. Als »empfindlich wie eine Christbaumkugel« nahm William Anders von der Apollo-8-Mission die Erde damals wahr.

Die Aufnahmen der Apollo-Missionen haben das Weltbild der Menschheit für immer verändert. Und dieser Effekt hat sich später nochmals verstärkt, als der Astronom Carl Sagan 1990 vorschlug, mit den Kameras der Sonde »Voyager 1«, die 1977 gestartet war, die Erde aus 6,4 Milliarden Kilometern Entfernung zu fotografieren. Auf diesen Bildern ist unsere Heimat dann tatsächlich nur noch als ein einzelner blauer Punkt zu erkennen.

Der blaue Planet und sein treuer Begleiter: Tropische Wolken der Atmosphäre (links oben), die Raumkapsel »Dragon 1« beim Anflug mit neuer Ausrüstung zur ISS (links unten), Mondaufgang in der Ferne des endlosen schwarzen Kosmos.

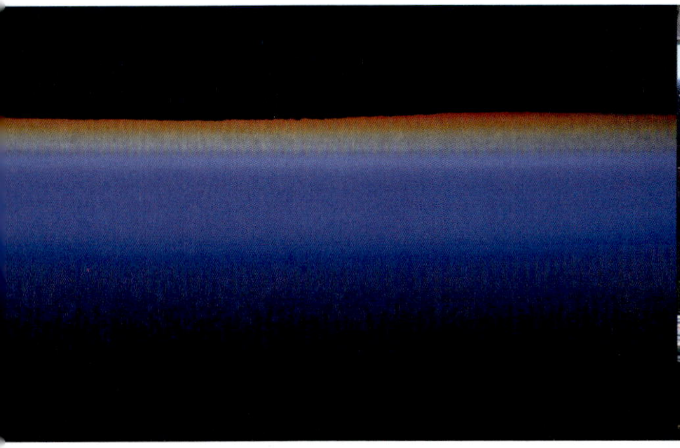

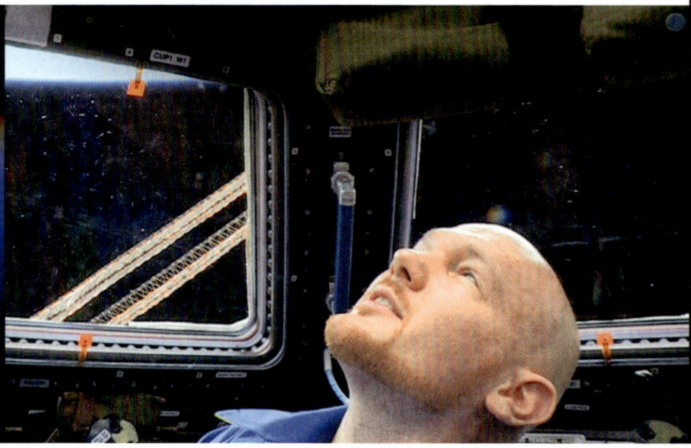

Magischer Anblick: der Atmosphärenrand kurz vor Sonnenaufgang (links).

Dieser »Overview-Effekt« hat die Umweltbewegung beflügelt und bei Abermillionen Menschen weltweit die Einsicht geschärft, die auch uns Astronaut*innen an Bord der Raumstation immer wieder bewusst wird: Wir haben im Kosmos nur diese eine Heimat. Wir tun deshalb gut daran, auf sie achtzugeben.

Unsere gesamte Geschichte, von Einzellern und Dinosauriern bis zur Entwicklung des *Homo sapiens*, hat sich ausschließlich auf diesem winzigen Steinbrocken abgespielt. Unglaublich, wenn man sich das überlegt: Jeder Mensch, der jemals gelebt hat, jeder Gedanke, jede Erfindung: Alles ist hier entstanden. Und bis heute ist dies der einzige Ort im gesamten gigantischen Universum, von dem wir sicher wissen, dass auf ihm Leben möglich ist.

Was für ein außergewöhnlicher kosmischer Zufall: Die Erde hat gerade den richtigen Abstand zur Sonne, ist nicht zu heiß, nicht zu kalt. Sie hat mit dem Mond einen treuen Begleiter, der sie stabilisiert. Und es gibt Wasser im Überfluss.

Als Geophysiker habe ich all dies zwar schon vor meiner Reise ins All gewusst. Aber ich konnte mir nicht vorstellen, wie verletzlich unser Planet aus der Ferne wirkt. Nur eine hauchdünne Hülle schützt uns vor den Gefahren des kosmischen Raums. Die Atmosphäre sieht durch die Fenster eines Raumschiffs betrachtet so zart und empfindlich aus, als könne man sie mit einem einzigen Hauch davonpusten. Und man begreift sofort: Wir haben keine Reserve dafür. So wie die Regenwälder im Amazonasbecken zwar eindrucksvoll, aber doch – klar erkennbar – eben die wichtigste Lunge unseres Planeten sind. Wenn wir sie weiter zerstören, haben wir keine zweite. Wenn wir unsere Umwelt nicht schützen, gefährden wir unsere Zukunft als Menschheit. Dann sterben wir aus – so wie andere Arten zuvor, nur selbst verschuldet. Dann endet die Geschichte des *Homo sapiens*.

Aus der Raumstation sieht man: Das kann leichter passieren, als wir denken. Umso verrückter erscheint, wie achtlos wir mit vielen Ressourcen umgehen. Seit etwa der gleichen Zeit, in der erstmals begreifbar wurde, wie einzigartig unser Planet aus kosmischer Perspektive eigentlich ist, sind wir auch imstande, genau diese Einzigartigkeit zu zerstören. Wir blasen Treibhausgase und Schadstoffe in die Luft, schütten Müll in die Meere, saugen die Grundwasserspeicher leer, schlagen im Regenwald Rodungstrassen, die sich wie Krebsgeschwüre weiter und immer weiter in die grüne Lunge unseres Planeten hineinfressen.

Wir sägen den Ast ab, auf dem wir sitzen.

Lebensader: Über mehr als 6500 Kilometer schlängelt sich der Amazonas durch Südamerika. Der Regenwald an seinen Ufern umfasst mehr als die Hälfte des gesamten verbliebenen Tropenwalds auf der Erde.

Durch Brandrodung gehen im Amazonas-Becken Tag für Tag riesige Flächen an Wald verloren. Die Rauchfahnen sind selbst im All zu erkennen: »Wie Krebsgeschwüre«, so Gerst, fressen die Trassen sich immer weiter ins grüne Dickicht hinein.

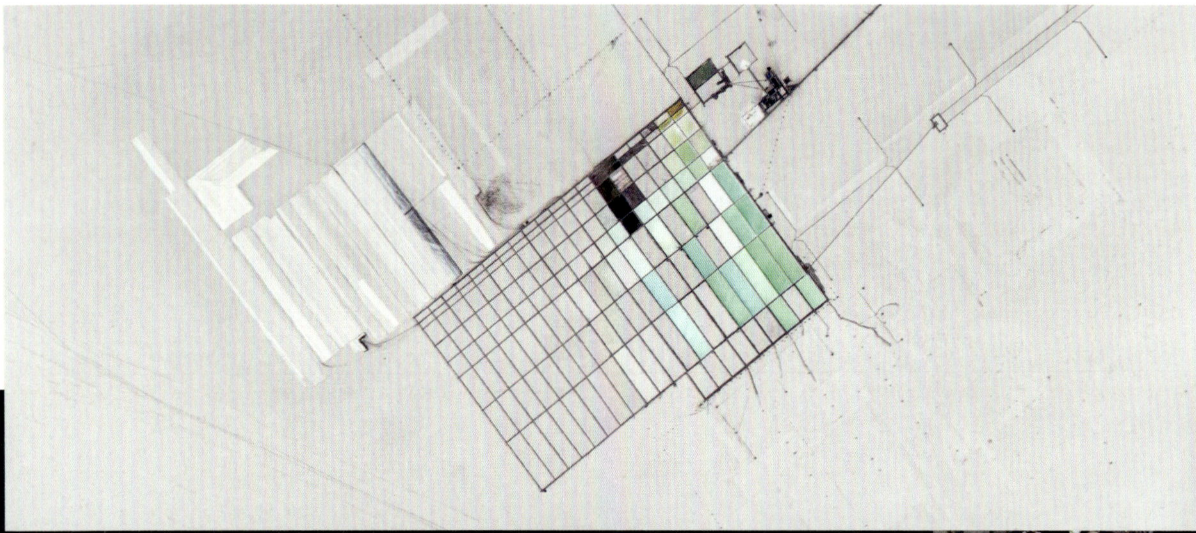

EINE GEMEINSAME AUFGABE: UNSERE ZUKUNFT IM ALL ZU SICHERN

Auf der ISS kreisen wir pro Tag 16-mal um die Erde: Wir sehen traumhafte Szenerien, unvergessliche Sonnenaufgänge, die markant unheimliche Schwelle von Tag und Nacht. Doch auch Kriege können wir von der Raumstation aus verfolgen. Wir sehen Dörfer und Städte brennen. Den Einschlag von Bomben. Die absichtliche Auslöschung von Menschenleben durch andere Menschen.

Aus astronautischer Perspektive erscheint das vollkommen unvorstellbar: wie Menschen, die eigentlich doch direkt nebeneinander leben, sich gegenseitig bekämpfen können. Unter Raumfahrer*innen verliert es schnell an Bedeutung, aus welchen Städten, Ländern und Kontinenten wir stammen. Auf der ISS fühlen wir uns alle als Erdenbürger*innen – so wie sich Menschen aus Frankreich, Deutschland und Schweden, wenn sie sich in Australien treffen, als Europäer*innen verstehen.

Aus der Ferne wird klar: Wenn wir eine Zukunft haben wollen, dann müssen wir alles, was wir hier auf der Erde tun, nachhaltig tun. Und wir sind dabei gemeinsam für unseren Umgang mit unserem Heimatplaneten verantwortlich. Ihn so gut zu behandeln, dass seine Ressourcen noch möglichst lange zur Verfügung stehen, sind wir allen Generationen schuldig, die nach uns kommen.

Vielleicht kann die Raumfahrt uns dabei helfen und inspirieren: Die Raumstation ISS ist von Hunderttausenden Menschen aus 16 Nationen erbaut worden. Seit 23 Jahren ist sie pausenlos in Betrieb, Tausende Expert*innen aus mehr als 100 Staaten haben an Experimenten auf der Station mitgewirkt, um das Leben auf unserem Planeten besser zu machen. Sie ist die komplexeste Maschine, die Menschen je konstruiert haben: Erst im Weltall, bei einer Geschwindigkeit von 28 000 Kilometern pro Stunde, wurden ihre Segmente millimetergenau zusammengesetzt. Und jetzt

Von der Raumstation klar zu sehen: Der Mensch prägt das Antlitz unseres Planeten. Lithium-Abbau auf dem Salar de Uyuni in Bolivien (links), künstlich bewässerte Felder in der Sahara (rechts).

entwickeln wir – wieder in internationaler Zusammenarbeit – eine neue Station: den »Gateway«, der im Mondorbit kreisen und als Zwischenstation auch den Weg für noch weitere Reisen ins All öffnen soll.

Wenn wir es schaffen können, solche Außenposten der Menschheit im Weltraum zu bauen, dann sollte es uns auch gelingen, unseren Heimatplaneten für unsere Kinder und Enkelkinder in einem bewohnbaren Zustand zu erhalten. Der erste Schritt dazu ist Erkenntnis: Deshalb würde ich mir sehr wünschen, jeder Mensch hätte wenigstens einmal im Leben die Chance, die Erde mit eigenen Augen von außen zu sehen. Solange dies aber noch nicht möglich ist, versuchen wir mit unseren Berichten und Fotos, diese besondere astronautische Perspektive zur Erde zurückzubringen.

Wenn wir alle dadurch begreifen, was auf dem Spiel steht, fällt es uns vielleicht leichter, für unsere Zukunft zusammenzustehen.

»ALLES, WAS WIR AUF DER ERDE TUN, MÜSSEN WIR **NACHHALTIG** TUN. UND DABEI SIND WIR **GEMEINSAM** FÜR UNSEREN UMGANG MIT UNSEREM HEIMATPLANETEN **VERANTWORTLICH.**«

Im Außeneinsatz: Nur durch ein millimeterdünnes Stahlseil gesichert, verlässt Alexander Gerst gemeinsam mit seinem US-Kollegen Reid Wiseman während der »Blue Dot«-Mission die Station für eine Reparatur.

Auf dem Roboterarm eingeklinkt, genießt Gerst kurz den freien Blick auf die Erde – bei 28 000 Kilometern pro Stunde. Sein Raumanzug ist ein eigenes kleines Raumschiff.

IM ROTEN BEREICH

Messdaten, u. a. aus dem Weltraum, belegen: Die Durchschnittstemperatur in der Atmosphäre ist seit Beginn der globalen Industrialisierung um circa ein Grad gestiegen. Die Folgen: Polare Eismassen schmelzen, die Wahrscheinlichkeit von extremen Dürren, Wirbelstürmen und Überschwemmungen nimmt zu, Ökosysteme können sich nicht schnell genug anpassen.

Das größte Problem aber ist: Die Erwärmung beschleunigt sich mit verheerendem Tempo – wie diese Grafik des britischen Klimaforschers Ed Hawkins vor Augen führt. Farbstreifen zeigen für jedes Jahr seit 1850, inwieweit die Durchschnittstemperatur unter (blau) oder über (rot) dem Mittelwert (weiß) lag. Auf einen Blick wird so deutlich, in welche Krise wir steuern.

DIE ERWÄRMUNG DER ERDE VON 1850 BIS 2019

Quelle: https://showyourstripes.info/

‹ ÜBERBLICK

TIEFE ›

VOM BLAUEN HERZ DES PLANETEN

SYLVIA EARLE

DIE STIMME DER OZEANE

Unsere Existenz hängt vom Meer ab, sagt Sylvia Earle. Die 85-jährige Meeresforscherin kennt die Tiefe wie niemand sonst: Abertausende Stunden hat sie unter Wasser verbracht – und über Wochen auf Forschungsstationen am Grund von Korallenriffen gelebt.

Seit Jahrzehnten bereits setzt sich Earle vehement dafür ein, das Leben im Ozean näher zu untersuchen und zu bewahren. Ihre Hoffnung: Mit einem Netzwerk aus Schutzgebieten und neuen Technologien ist die Wende zu schaffen.

Lars Abromeit hat die »Grande Dame der Meeresforschung« im Rahmen der Dreharbeiten für WER WIR WAREN in Kalifornien besucht: Ein Porträt.

Sie ist durch Welten gereist, die sich wenige vorstellen können: durch funkelnde Galaxien, Schauer aus biolumineszenten Sternschnuppen, Gebirge aus Kalksteinwesen in ewiger Dämmerung. So oft war sie dort, so tief hat sie die Erlebnisse in sich aufgesogen, dass sie selbst wie eine Gesandte aus diesem riesigen, fremden Kosmos wirkt: dem Unterwasserreich unserer Erde.

»Inner Space« nennen es manche, den inneren Weltraum. Sylvia Earle nennt es »das blaue Herz des Planeten«. Sie hat ihm ihr Leben gewidmet – seiner Erforschung und seinem Schutz. Sie will die Menschheit daran erinnern: Unser Schicksal und das der Ozeane sind eins.

Die Botschafterin der Meere betritt den Raum. Wie fast immer trägt Earle Insignien, die das Leuchten der Tiefe in der Sargassosee, vor den Inseln Palaus oder vor Mauritius spiegeln: azurblaue Halskette, nachtblauer Blazer. Wenn sie von Meerestieren oder von Tauchbooten spricht, preschen ihre Gedanken manchmal davon.

Nur die Beine sind müder geworden: Sie geht langsam, mit kleinen Schritten und leicht gebeugt, als sei ihr die Schwerkraft fernab des Wassers inzwischen lästig – eigentlich unzumutbar für eine Dame in ihrem Alter, für ihre winzigen Füße und ihre zarte Statur, mit der sie lieber im Meer versinken, in unterseeischen Wäldern schweben, durch silberne Fischschwärme gleiten würde.

»Im Ozean kann ich mich bewegen wie eine Tänzerin!«, sagt Earle. »Dort bin ich frei.« Sie lacht warmherzig, einnehmend. Sie ist 85 Jahre alt. Doch ihre Augen leuchten noch immer so neugierig und begeistert wie die eines Kindes.

Wie Aliens wirken auf uns manche der Wesen, die Sylvia Earle in den Meeren erforscht. Tatsächlich jedoch ist ihr Lebensraum der Normalzustand auf der Erde: Die Ozeane bedecken mehr als zwei Drittel unseres Planeten.

»IN DER TIEFE WIRD KLAR: AUCH WIR **MENSCHEN SIND VERLETZLICH.**«

Tauchgänge sind wie Zeitreisen in die Erdgeschichte, sagt Sylvia Earle: Viele Meeresgeschöpfe, wie etwa Quallen, existieren bereits seit Hunderten Jahrmillionen – weit länger als Menschen.

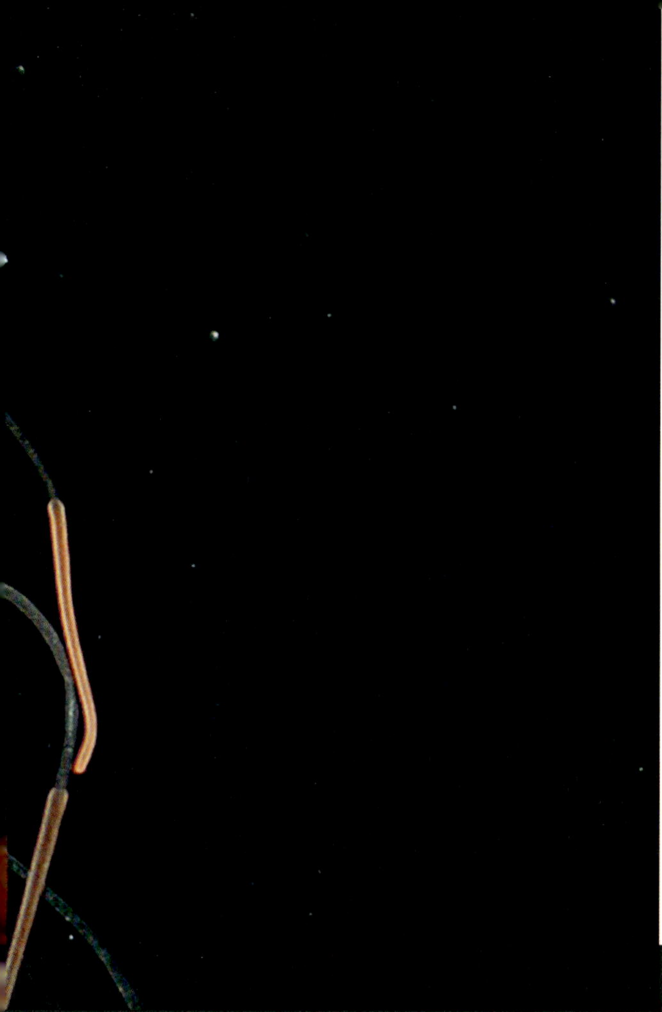

Sylvia Earle, geboren 1935 in Gibbstown, New Jersey, ist eine Legende der Meeresforschung: Wohl kein anderer Mensch der Welt kennt das Leben in den blauen Tiefen so gut wie sie.

Schon als Dreijährige wurde sie von den Kräften der See erfasst: Eine Brandungswelle zog sie vom Strand des Atlantiks. Gerade, als ihre Mutter ihr helfen wollte, fasste sie wieder Fuß – und warf sich begeistert zurück in die Fluten. Seither taucht sie ab: Mehr als 7000 Stunden hat sie unter Wasser verbracht, mehr als 100 Expeditionen in allen Weltmeeren geleitet, zehn Mal über Wochen in Forschungsstationen am Meeresboden gelebt.

In einer druckdichten Rüstung, die einem Raumanzug glich, lief die US-Biologin 1979 als Pionierin völlig auf sich alleine gestellt über den Grund des Pazifiks – 381 Meter unter den Wellen. Sieben Jahre später wagte sie sich als eine der drei ersten Test-

An heißen Quellen der Tiefsee (links) könnte das Leben begonnen haben. Bis heute sind viele Ozeankreaturen perfekt an die lichtlose Tiefe angepasst – wie die Fische und Wirbellosen, die Meeresforscher des *Monterey Bay Aquarium Research Institute* (MBARI) vor Kalifornien aufspürten (rechts).

pilot*innen in einem Tauchboot alleine sogar bis auf 1000 Meter hinab – und genoss dort das Leuchtfeuer Hunderter Kreaturen, die vor ihr noch nie einen Menschen gesehen hatten.

»Her Deepness« oder »Jeanne d´Arc der Meere« wird Earle von Kolleg*innen in der Meeresforschung genannt. Auch, weil sie zur Erkundung des Ozeans Widerstände gebrochen hat, die manchmal schwerer zu überwinden waren als jene des Wassers: Als Frau könne sie die Belastung nicht durchstehen, hieß es oft. Doch sie hat sich nicht aufhalten lassen.

Earle war dreimal verheiratet, stets mit Meeresforschern, die ihre Leidenschaft teilten. Sie hat sechs Kinder großgezogen, drei eigene sowie drei weitere, die ihr zweiter Ehemann Giles Mead in die Patchwork-Familie einbrachte, und sie alle auf einigen Expeditionen mitgenommen – immer zerrissen zwischen ihrem Entdeckergeist und gesellschaftlichen Erwartungen.

Dem Ozean ist sie treu geblieben. Sie hat an der Entwicklung von 30 U-Boot-Typen gearbeitet, hat die NASA und die US-Behörde für Wetter- und Ozeanografiedaten NOAA (*National Oceanic and Atmospheric Administration*) beraten, Dutzende Arten und ganze Lebensgemeinschaften unter Wasser entdeckt. Aber sie hat das Leben im Meer auch schwinden sehen – in einem Ausmaß, das zu Beginn ihrer Forschung vor mehr als einem halben Jahrhundert niemand für möglich gehalten hätte.

Sylvia Earle hat erlebt, wie Mangrovenküsten verbaut wurden und Korallenriffe ausblichen. Wie sich sauerstoffarme Todeszonen im Meer ausbreiteten und wir innerhalb von nur 50 Jahren die großen Nomaden der Hohen See um rund 90 Prozent dezimiert haben – Haie, Marline und Thunfische etwa.

»Ich bin eine Zeitzeugin der Zerstörung«, sagt die Grande Dame der Meeresforschung, »dieses Wissen verpflichtet.« So ist sie zur mahnenden Stimme der Ozeane geworden, zur weltweit wohl wichtigsten Anwältin aller Wale und Zwerggarnelen, Fahnenbarsche und Pinguine.

Rund 300 Tage im Jahr ist »Her Deepness« nun unterwegs, um sich für den Meeresschutz einzusetzen. »Der Ozean ist das Lebenserhaltungssystem der Erde – auch für uns Menschen«, erklärt sie in ihren Vorträgen. Seine Algen erzeugen mehr Sauerstoff für die Atmosphäre als alle Regenwälder, Savannen und Sümpfe der Welt zusammen. Mindestens jeden zweiten Atemzug also haben wir alleine ihm zu verdanken. Auch regulieren die Ozeane das Klima, verteilen mit ihren Strömungen Energie sowie Nährstoffe über den Globus, versorgen Milliarden Menschen mit Nahrung.

»No blue, no green. No Water, no life«, fasst die Ozean-Diplomatin zusammen: Ohne Blau kein Grün, ohne Wasser kein Leben.

Zweimal bin ich Earle während ihrer Mission schon begegnet. Auf Veranstaltungen in New York und in Hamburg haben wir uns über Schutzgebiete und Expeditionsziele auf den Weltmeeren ausgetauscht, haben Pläne für Reisen zu unterseeischen Bergen im Indopazifik geschmiedet oder zu kaum bekannten, aber von Rohstoffschürfern bereits bedrohten Korallenriffen der Tiefsee. Wann immer sie zu erzählen begann, hatte ich das Gefühl, schon im selben Moment mit ihr in den Ozean abzutauchen, die Tiefe zu spüren, die Stimmen der Meeresbewohner tatsächlich zu hören.

Niemand, den ich bisher auf meinen Reisen getroffen habe, ist so mit dem Meer verbunden wie Sylvia Earle: Sie scheint den Ozean in sich zu tragen.

Bedrohte Vielfalt: 90 Prozent aller Großfische sind in den vergangenen 50 Jahren verschwunden. Tropische Riffhaie etwa gelten an vielen Korallenbänken inzwischen als Seltenheit.

Wale wurden so rücksichtslos auf den Weltmeeren gejagt, dass einige Arten – wie etwa die Buckelwale – beinahe ausgestorben wären: Seit Jahrzehnten stehen sie unter Schutz. Ihre Populationen erholen sich – wenn auch nur langsam

Sylvia Earle ist fest überzeugt: Um die Lebensvielfalt im Meer zu erfassen, können wir nicht bloß Robotern vertrauen. In Tauchbooten müssen sich Forscher auch selbst in die Tiefe wagen.

Sylvia, in den 1950er-Jahren, lange bevor ich geboren wurde, hast du schon Tauchgeräte getestet – die ersten, die je entwickelt wurden: Modelle der »Aqualunge« von Jacques-Yves Cousteau! Du hast die Geschichte des unabhängigen Tauchens, die Neuzeit der Meeresforschung, könnte man sagen, von Anfang an mitgeprägt. Wann warst du das letzte Mal unter Wasser?

Erst vor knapp einem Monat – vor den Azoren, einer sehr kleinen, zu Portugal zählenden Inselgruppe im Nordatlantik. Es war fantastisch!

Wir haben Pottwale beobachtet, die hier im tiefen Wasser direkt vor der Küste verschiedenen Tintenfisch-Arten nachstellen. Mütter und ihre Jungen: Einer der Wale ist mit seinem gesamten massigen Körper direkt vor uns aus dem Wasser gesprungen! Ich wünschte, das könnte ich auch.

Ist es für dich immer noch etwas Besonderes, in die Unterwasserwelt vorzudringen?

Absolut! Jeder Tauchgang ist ein Geschenk: eine kostbare Chance für uns Menschen, wenigstens eine Zeit lang ein Teil des Ozeans werden zu dürfen. Ich könnte niemals genug bekommen davon, und ich kann mir nicht vorstellen, dass irgendwem dabei jemals langweilig werden könnte.

Zu tauchen hilft auch, den eigenen Platz in der Welt klarer wahrzunehmen. Wir sind nur sonderbare Besucher dort unten, genauso verletzlich wie alle anderen Geschöpfe, eigentlich sogar empfindlicher als die meisten, die in der Tiefe zu Hause sind. Dort umschwirren uns Wesen, die es hundertfach länger auf dem Planeten gibt als uns Menschen: Quallen, Fische, Kalmare. Unsere alten Verwandten!

Wir haben letztlich keine Kontrolle über das Leben. Das wird einem in der Tiefe schlagartig klar.

»JEDER TAUCHGANG IM OZEAN IST **EIN GESCHENK.**«

Wärst du selbst gerne eines von diesen Meereswesen?

Oh ja, am liebsten würde ich mich andauernd von einem ins nächste verwandeln. Ich wäre zum Beispiel gern der Riesenschwamm in der Antarktis, der 10 000 Jahre lang leben kann: Er ist eine Art Kolonie, kein einzelner Organismus – eine Gemeinschaft aus Zellen, die so miteinander kommunizieren, dass sie als Ganzes agieren können. Es wäre toll, eine Kolonie zu sein. Oder ein Krake, der seinen Körper verändern und dann mit Farben und Formen Signale aussenden kann. Oder ein Grönlandhai! Die leben in tiefem Wasser und werden mitunter 400 Jahre alt. 400 Jahre! Was war vor 400 Jahren in der Welt der Menschen los, als ein solches Geschöpf sein Leben begann?

Wir haben vieles gelernt seither. Aber wir wissen doch immer noch nicht, was Grönlandhaie wissen.

»UNTER WASSER ZU LEBEN, HAT MEIN DENKEN VON GRUND AUF VERÄNDERT. ICH MERKTE, DASS **FISCHE** GESICHTER HABEN, **PERSÖNLICHKEITEN – WIE WIR.** ALLES IST MITEINANDER VERBUNDEN.«

ALAMEDA BEI SAN FRANCISCO. KALIFORNIEN.

Hier hat die Botschafterin der Meere ihre terrestrische Repräsentanz, ihren wichtigsten Anlaufpunkt – in einer schmucklosen Werkhalle mitten im Hafengebiet.

Der Werkstattkomplex, in dem Ingenieure der US-Navy einst Wasserflugzeuge reparierten, ist die Heimat der Firma DOER Marine, *Deep Ocean Exploration and Research*, die Earle 1992 gegründet hat, um die Entwicklung von Technologien zur Tiefseeforschung voranzutreiben.

Nur wenige hundert Meter entfernt beginnt der Pazifik, der blaue Kosmos, Earles Welt. Aber hier wirkt er fern. Keine Brandung zu hören, keine Möwen, kein Horizont in Sicht. Allein nackter Betonboden, schwere Maschinen: Metallfräsen, Drucktestkammern, Wasserstrahlschneider. Auf einem Tisch geparkt wartet »Otis«, ein Tiefsee-Roboter mit schwenkbarem Greifarm, auf eine Operation: Er soll ein besseres Auge bekommen – eine neue, hochauflösende Kamera.

Im ersten Stock dieser Traumfabrik für die Meeresforschung hat Sylvia Earle ihr Büro. Eines von vieren eigentlich, verteilt zwischen West- und Ostküste der USA. Sie ist viel unterwegs und eigentlich ohnehin ja nur in den Meeren zu Hause.

Hier in Alameda aber hat sie Erinnerungen gesammelt, die Halt geben: Momentaufnahmen aus ihrem unvorstellbaren Schatz an Erlebnissen in der Tiefe. Von der Decke baumelt ein traditionelles Auslegerkanu, Relikt einer Expedition zu Korallenriffen des Indopazifiks. Ein riesiges Foto von einem Pottwal-Auge wacht über den Schreibtisch. Daneben ein eingerahmter Bericht ihres Solo-Tauchgangs über die Schwelle von minus 1000 Fuß. In den Regalen: Skulpturen von Ehrentiteln – und eine Lego-Figur von

In ihrer 1992 gegründeten Firma DOER Marine (*Deep Ocean Exploration and Research*) entwickelt Earle gemeinsam mit ihrer Tochter Liz Taylor neue Technologien zur Erforschung der Tiefsee.

ihr, der berühmtesten Meeresforscherin unserer Zeit, mitsamt Taucherflossen und braunen Locken.

In Alameda entwirft Earle gemeinsam mit ihrer ältesten Tochter Liz Taylor, Geschäftsführerin von DOER, die technischen Helfer der nächsten Entdecker-Generation: eine Raumschiff-Flotte für neue Reisen zum »Inner Space«.

So wie Jacques-Yves Cousteau es einst Meeresforschern und Laien mit seiner »Aqualunge«, dem ersten Pressluftsystem, ermöglichte, eigenständig in flachem Wasser zu tauchen, träumen Mutter und Tochter nun von Tauchbooten, die so vielen Menschen wie möglich den Zugang zu tiefen Meeresregionen eröffnen.

»HOPE 1000« sollen sie heißen: In den Plänen, die Sylvia und Liz von ihnen gezeichnet haben, erinnern sie an bizarre Tiefseefische, die fast ausschließlich aus einem einzelnen, großen Auge bestehen. Bis zu drei Passagiere werden in der Glaskuppel Platz haben, bis zu 1000 Meter tief abtauchen und mit einem ferngesteuerten Greifarm am Boden Proben einsammeln können. In aller Regel sollen zwei *HOPE 1000*-Vehikel zusammen operieren. Ein vom Schiff gesteuerter Roboter könnte die Tauchgänge vorbereiten, begleiten und bei Bedarf alleine in noch größere Tiefen vordringen.

Noch ist das Budget nicht komplett: Fünf Millionen US-Dollar soll ein Tauchboot-Paar kosten. Für den Bau eines Prototyp-Duos hätten private Sponsoren immerhin schon drei Viertel davon in Aussicht gestellt, erzählt Earle: »Ich kann die ersten Tauchgänge kaum erwarten! In meinem Kopf ist das U-Boot bereits gebaut.«

Die Entwicklung der Unterwasser-Raumschiffe ist Teil ihrer »Mission Blue« – jener ambitionierten globalen Initiative zum Meeresschutz, die sie 2009 gestartet hat: Gemeinsam mit lokalen Expert*innen will Earle die wichtigsten Meeresgebiete der Erde identifizieren und ihren Schutz sichern. Nach und nach sollen diese marinen »Hope Spots« zu einem weltweiten Netz der Hoffnung zusammenwachsen.

Mehr als 130 Schutzgebiete hat sie auf ihren Expeditionen bereits erfasst: Für Europa etwa gehören die Riffe der Balearischen Inseln im Mittelmeer sowie die Gewässer vor der Argyll-Küste Schottlands dazu.

Die Tauchboot-Flotte von DOER soll nun dazu beitragen, dass auch Lebensräume in größeren Tiefen im »Hope Spot«-Netz Eingang finden – bevor sie Rohstoffsuchern oder dem industriellen Fischfang zum Opfer fallen. Nur: Kann Sylvia Earle diesen Wettlauf gegen die Zeit gewinnen?

Vor über zehn Jahren hast du die »Mission Blue« begonnen, um das Leben im Meer genauer zu untersuchen und besser zu schützen. Du hast damals gesagt: »Was wir in den nächsten zehn Jahren tun oder nicht tun, wird für die nächsten 10 000 Jahre entscheidend sein.« Wie weit sind wir gekommen?

Es gibt noch vieles zu tun, doch wir kommen voran, das ermutigt mich: Weltweit haben Staaten den Schutz der Meere verbessert, jeder unserer »Hope Spots« inspiriert neue Nachahmer. Und auch jeder Einzelne kann dazu beitragen, den Ozean zu entlasten – an jedem einzelnen Tag. Wir haben die Wahl, was wir essen und was wir anziehen, aus welchen Quellen wir unseren Strom beziehen, ob wir Wasser sparen oder verschwenden.

Wir müssen uns immer wieder bewusst machen: Wir leben in einer historisch einzigartigen Zeit. Wir wissen, was wir zu tun haben, und wir können damit einen Unterschied machen. Noch vor nur 50 Jahren konnten wir viele Zusammenhänge der Welt nicht verstehen, und in weiteren 50 Jahren wird es für einen Umschwung, wie wir ihn heute vorantreiben können, wahrscheinlich zu spät sein.

Wenn ich es mir aussuchen könnte, würde ich in genau dieser, unserer Zeit leben wollen: Noch sind ja 10 Prozent aller großen Fische im Meer vorhanden, 50 Prozent aller Riffe einigermaßen intakt. Wir haben also noch Zeit und Gelegenheit, sie zu schützen – nur eben nicht mehr lange.

Wir verlieren Optionen, wir drohen Kipppunkte zu überschreiten. Mit jeder Spezies, die ausstirbt, schließt sich auch eine Tür. Wir müssen unsere Anstrengungen daher beschleunigen, damit wir in weiteren zehn Jahren zurückblicken und uns sagen können: Wir haben die Chance genutzt.

Als du die »Mission Blue« ausriefst, stand weltweit nicht einmal ein Prozent aller Flächen im Meer unter Schutz, weitaus weniger als an Land. Inzwischen ist dieser Anteil auf etwa sieben Prozent angestiegen. Ist das genug?

Die Vereinten Nationen hatten den Schutz von zehn Prozent aller Meeresfläche als Zielmarke für das Jahr 2020 angesetzt, bis 2030 sollten es mindestens 30 Prozent sein. Doch was bedeuten die Zahlen schon? Was wir eigentlich aufbringen müssen, ist ein 100-prozentiges Bekenntnis, das Leben im Ozean zu bewahren – in jeglicher Hinsicht.

Wenn dein Herz in Gefahr ist: Wie viel würdest du davon schützen wollen: 10 Prozent? 30 Prozent? Die Hälfte? Nein! Das Entscheidende ist: Es muss schlagen, es muss gesund sein, auch morgen und auch noch übermorgen! Das müssen wir sicherstellen.

Wie muss es weitergehen?

Wir brauchen einen globalen Aktionsplan! Es geht für uns alle ums Überleben, egal welchen Staaten und Religionen wir angehören. Es kann deshalb nicht sein, dass Einzelne sich zu Lasten der anderen daran bereichern, jahrhundertealte Fische aus internationalen Gewässern zu fangen oder am Tiefseeboden Manganknollen abzutragen, die über Millionen von Jahren zu einzigartigen Lebensräumen gewachsen sind.

Je mehr Ruhe wir unseren Meeren gönnen, umso mehr werden wir langfristig alle davon profitieren. Aber wenn wir die Ozeane nicht beschützen können, dann werden auch alle anderen Umweltbemühungen zwecklos sein.

Deshalb kommt es auf jeden Einzelnen an: Kleine Schritte addieren sich. Jeder zählt.

Aus dem Gleichgewicht: Millionen von Haien werden jährlich geschlachtet, um ihre Flossen für Suppen zu nutzen (links). Umgekehrt landen Abermillionen Tonnen Müll im Meer.

Verbündete: Auf einer internationalen Konferenz in Lissabon zeigt Earle gemeinsam mit dem US-Politiker John Kerry 2019 Wege im Klima- und Meeresschutz auf. »Schon kleine Schritte können viel bewirken, wenn sich Milliarden von Menschen zusammen in die richtige Richtung bewegen«, sagt sie.

OCEANO AZUL
fundação

»SELBST IN DICHT BESIEDELTEN KÜSTENREGIONEN KANN MEERESSCHUTZ FUNKTIONIEREN!«

SAN FRANCISCO BAY, ANGEL ISLAND,

zwei Tage später.

Wir lassen das Boot auf den Wellen treiben – durch eine einsame, stille Bucht. Kein einziger Mensch ist am Ufer von Angel Island zu sehen; das grüne Dickicht aus Steineichen, Erdbeerbäumen und Lorbeerbüschen wuchert bis zu den Felsen am Strand hinab. Möwen und Pelikane ziehen vorbei, ein kalifornischer Seelöwe pflügt durch das Wasser.

Tiefblaue Wildnis. Hinter uns allerdings ragt die Skyline der Innenstadt San Franciscos auf. Die Golden Gate Bridge ist keine sechs Kilometer von uns entfernt.

»Einer unserer neuesten Hope Spots: die Bucht von San Francisco!«, sagt Sylvia Earle. Gemeinsam mit Liz und der Biologin Karina Nielsen, die den Meeresschutz in der Bay Area überwacht, hat sie uns hergeführt, um zu zeigen, wie Hoffnung an unwahrscheinlichen Orten entstehen kann.

Rund sieben Millionen Menschen leben im Ballungsraum San Francisco: Über Jahrhunderte wurden hier Austernbänke zerstört, Feuchtufer trockengelegt, Strände verbaut.

Naturschützer*innen wie Karina Nielsen kämpfen seit langem für strengere Umweltauflagen und für die Renaturierung von Küstenabschnitten. Seit einigen Jahren zahlen sich ihre Bemühungen aus: »Die Wasserwerte haben sich deutlich verbessert«, erzählt sie. Nun kehren Delfine und Schweinswale in die Bucht zurück, die Jungtiere vieler Fischarten finden hier Schutz vor Jägern des offenen Meeres, Anchovis und Sardinen kommen in Schwärmen aus Abertausenden Tieren. Auch die Pelikane, die vor uns über das Wasser gleiten wie Urzeitvögel, haben wieder eine stabile Populationsgröße aufgebaut.

»Was für eine Erfolgsgeschichte!«, schwärmt Earle. Ein Beispiel, das andere inspirieren könne. Denn genau darin sieht sie die größte Kraft ihrer »Hope Spots«: »Die Welt kann es sehen und sagen: Wenn Meeresschutz selbst in einer so kleinen, dicht besiedelten Küstenregion funktioniert, warum dann nicht auch bei uns?«

Earle möchte eine Welle erzeugen, einen Impuls zur Rettung des Ozeans, der die Menschheit vorantreibt – wie einen gigantischen Fischschwarm.

FAKTEN

Meere bedecken über **70 Prozent der Erdoberfläche** und bilden mit Abstand den größten und wichtigsten Lebensraum des Planeten. Wir aber kennen nur einen winzigen Bruchteil: Vom Boden der Tiefsee etwa gilt bislang nur 0,1 Prozent als erforscht.

Rund **90 Millionen Tonnen** Fische, Garnelen und Krebse werden pro Jahr aus den Ozeanen gefangen: **93 Prozent** der Bestände weltweit gelten als überfischt oder maximal ausgeschöpft.

Nach Schätzung des WWF gelangen pro Jahr mindestens 5 Millionen Tonnen an **Plastikmüll** in die Ozeane: Das entspricht einer **LKW-Ladung Plastik in jeder Minute.**

Rund 7 Prozent aller Meeresflächen stehen bislang unter Schutz. In nationalen Gewässern sind weltweit **17 Prozent** geschützt, etwa doppelt so viel wie noch 2010.

Sylvia, kommen dir die Schritte zum Schutz der Meere nicht oft zu langsam vor?

Wir brauchen Geduld. Das Entscheidende ist, dass wir unsere Haltung ändern und lernen, das Leben im Ozean wirklich wertzuschätzen. Es steht uns nicht frei zur Verfügung. Es ist genauso ein Teil dieser Erde, wie wir es sind.

Als ich das erste Mal unter Wasser auf einer Forschungsstation gelebt habe, ist mir klar geworden: Jeder einzelne Fisch besitzt eine individuelle Persönlichkeit, einen eigenen Charakter. Wenn wir uns das vor Augen führen, werden wir mit den Meeren ganz automatisch sorgsamer umgehen. Fürsorge wächst aus Verständnis.

Du engagierst dich nun schon so lange für einen besseren Schutz der Meere – und wirkst nicht müde. Woher nimmst du die Kraft?

Wenn ein Kind aus dem zehnten Stock eines Hochhauses fällt, dann versuchst du, es aufzufangen – auch wenn es lange fliegt und es anstrengend für dich ist.

So geht es mir mit den Meeren: Ich habe gesehen, wie der Ozean früher aussah, woher wir kommen. Ich habe das Wissen, das muss ich weitergeben. Das ist schließlich das große Geschenk, das uns Menschen von Albatrossen, Muscheln und Kraken abhebt: die Chance zur Einsicht.

Gespräche mit Sylvia Earle sind wie Zeitreisen: in die Vergangenheit, aber auch in die beste denkbare Zukunft der Ozeane. Sie stärken die Hoffnung, dass es uns doch noch gelingt, unser Lebenserhaltungssystem zu retten. Dass bald auch die Seeotter in die Bucht von San Francisco zurückkehren, und dass die »Hope Spots« sich langsam zu einem so engmaschigen Netz von Refugien verbinden, dass die Unterwasserwelt darauf aufbauen und sich erholen kann.

Als wir abdrehen von Angel Island und den Weg zurück Richtung Alameda einschlagen, wirft das Boot Gischtfahnen auf. Liz Taylor nimmt Sylvia Earle in den Arm, sie schirmt ihre Mutter gegen den Wind ab. Es ist ein schöner, Hoffnung spendender Augenblick.

Die Stimme der Meere wird auf die nächste Generation übergehen. Sie geht nicht unter.

Welche Zukunft haben der Mensch und das Meer? Wird die Vielfalt der Unterwasserwelt bloß in Aquarien überleben? Oder geben wir ihr den Raum, um sich zu erholen – wie in den Schutzgebieten der Balearischen Inseln?

NETZE DES HANDELS, NETZE DER HOFFNUNG

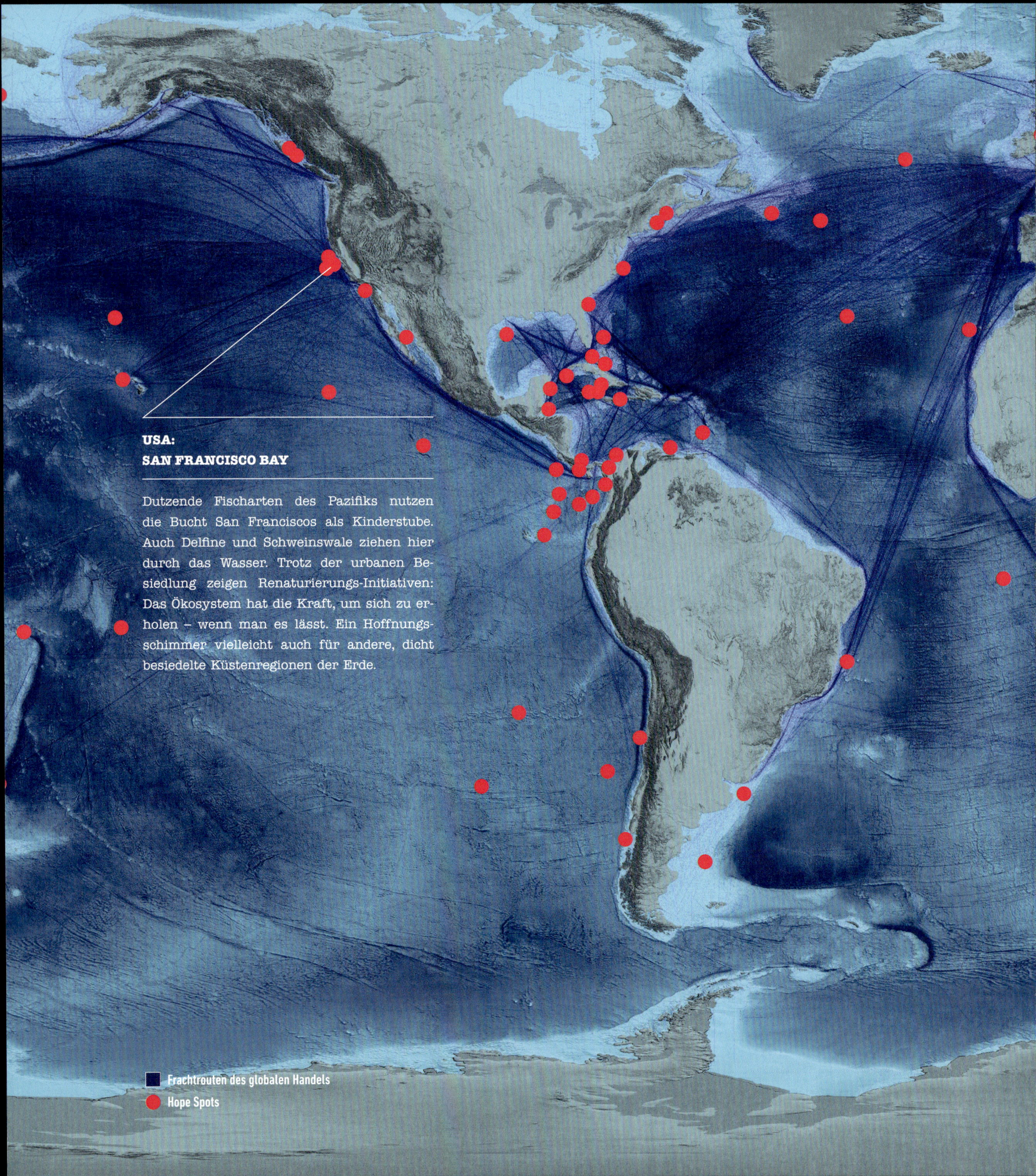

USA:
SAN FRANCISCO BAY

Dutzende Fischarten des Pazifiks nutzen die Bucht San Franciscos als Kinderstube. Auch Delfine und Schweinswale ziehen hier durch das Wasser. Trotz der urbanen Besiedlung zeigen Renaturierungs-Initiativen: Das Ökosystem hat die Kraft, um sich zu erholen – wenn man es lässt. Ein Hoffnungsschimmer vielleicht auch für andere, dicht besiedelte Küstenregionen der Erde.

FRACHTSCHIFF-ROUTEN UND SCHUTZGEBIETE IM MEER

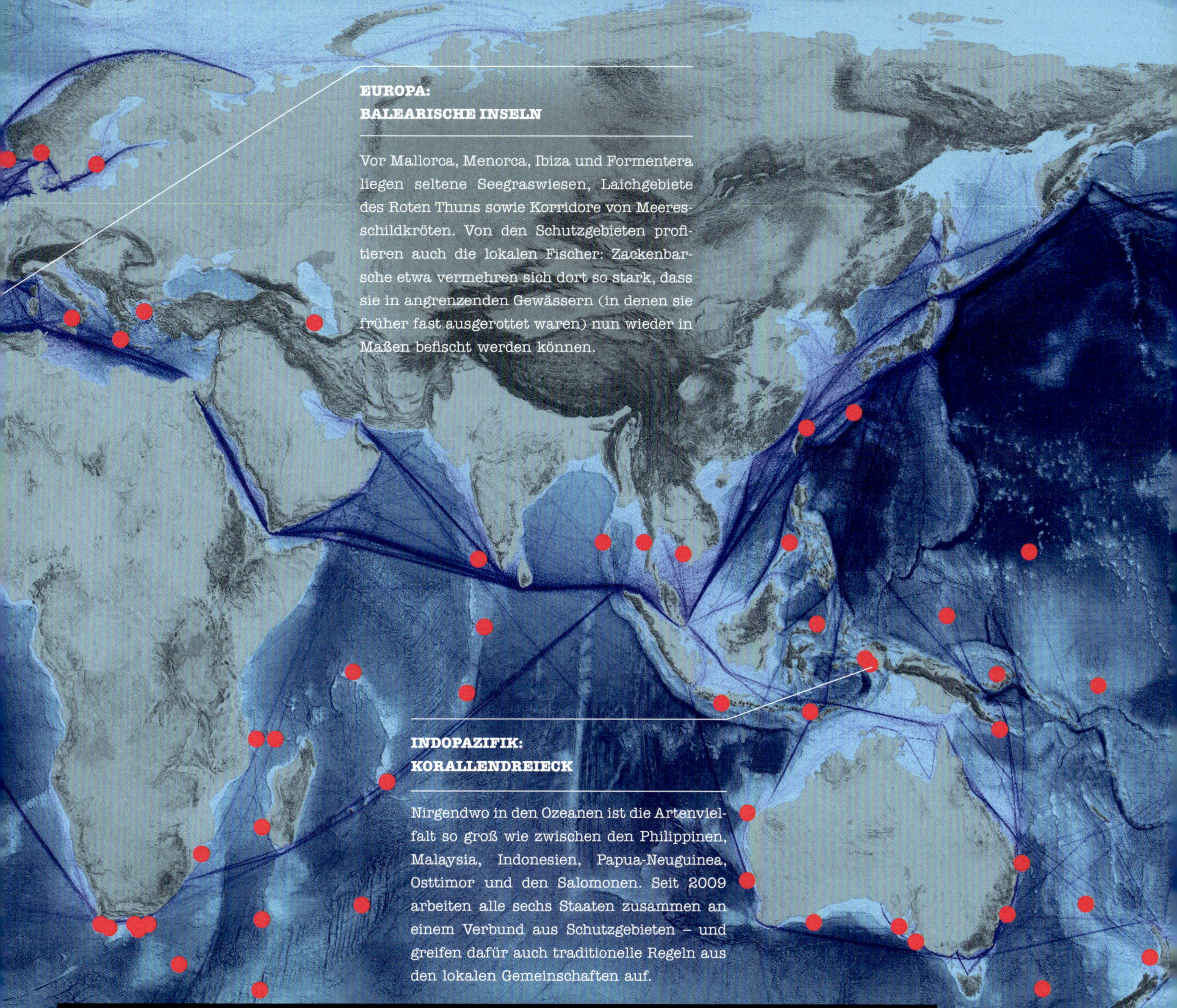

EUROPA:
BALEARISCHE INSELN

Vor Mallorca, Menorca, Ibiza und Formentera liegen seltene Seegraswiesen, Laichgebiete des Roten Thuns sowie Korridore von Meeresschildkröten. Von den Schutzgebieten profitieren auch die lokalen Fischer: Zackenbarsche etwa vermehren sich dort so stark, dass sie in angrenzenden Gewässern (in denen sie früher fast ausgerottet waren) nun wieder in Maßen befischt werden können.

INDOPAZIFIK:
KORALLENDREIECK

Nirgendwo in den Ozeanen ist die Artenvielfalt so groß wie zwischen den Philippinen, Malaysia, Indonesien, Papua-Neuguinea, Osttimor und den Salomonen. Seit 2009 arbeiten alle sechs Staaten zusammen an einem Verbund aus Schutzgebieten – und greifen dafür auch traditionelle Regeln aus den lokalen Gemeinschaften auf.

Über die Meere verbinden Menschen sich seit Jahrhunderten: Inzwischen laufen fast 90 Prozent des globalen Warenverkehrs über Frachtschiffe ab. Sieben Milliarden Tonnen an Gütern befördert die Flotte jährlich auf allen Ozeanen. Sie ist damit der wahre Motor der Globalisierung – aber mit ihren Emissionen und dem Risiko von verheerenden Havarien auch eine erhebliche Umweltgefahr.

Wir nutzen die Meere: als Handelswege, als Vorratskammer für Fische und Krebse, zur Erdöl-Gewinnung, als Müllkippe. Doch wie abhängig umgekehrt unsere menschliche Existenz von den Ökosystemen im Ozean ist, wurde lange verkannt.

Die von Sylvia Earle ins Leben gerufene »Mission Blue« hat sich vorgenommen, Hoffnungsorte (»Hope Spots«) im Ozean aufzuspüren und sie zu einem weltweiten Netz aus Schutzgebieten zu verknüpfen. Rund 130 Gebiete waren 2020 bereits zusammengekommen: Drei Beispiele zeigen, an was für unterschiedlichen Orten die Hoffnung im Meer heranwachsen kann.

Quellen:
T. Hengl, National Center for Ecological Analysis and Synthesis (NCEAS), https://mission-blue.org, Deutsches Zentrum für Luft- und Raumfahrt (DLR)/Earth Observation Center (EOC)

‹ TIEFE

UTOPIE ›

MYTHOS WIRTSCHAFT –

DIE VERZERRUNG UNSERER REALITÄT

FELWINE SARR

EINE UTOPIE IST KEIN WUNSCHTRAUM, DER SICH NIEMALS ERFÜLLEN WIRD

In Niodior im Senegal geboren, wuchs Felwine Sarr zwischen Straßbourg und Dakar auf. Er ist Autor, Musiker und Sozialwissenschaftler und lehrt als Professor für Ökonomie an der Universität Gaston Berger in Saint-Louis sowie an der Duke University in den USA. Felwine Sarr hat den französischen Präsidenten Emmanuel Macron bei der Restitution afrikanischer Kulturgüter beraten und seitdem wie kaum ein anderer die Debatte über die Rückgabe kolonialer Raubgüter beeinflusst.

Als Autor des Buches *Afrotopia* gehört er zu den einflussreichsten Intellektuellen des afrikanischen Kontinents und hat zusammen mit dem Philosophen Achille Mbembe die *Ateliers de la pensée* in Dakar ins Leben gerufen. Sein Denkansatz zielt auf ein ganzheitliches ökonomisches Modell ab, das die Bedürfnisse der Menschen auf unserem Planeten und deren Beziehungen untereinander wieder stärker berücksichtigt.

Hier stellt er vor, welche zentralen Schwachstellen er in der neoliberalen Wirtschaft sieht und wie ein ganzheitliches Wohlstandskonzept für alle in der Zukunft aussehen könnte.

Felwine Sarrs Heimatinsel Niodior im Senegal gehört zum Nationalpark Delta du Saloum. Durch den infolge des Klimawandels ansteigenden Meeresspiegel ist sie konkret bedroht.

Das System, in dem wir zur Zeit leben, ist, wie wir wissen, alles andere als nachhaltig, und es erfüllt nicht die Bedürfnisse der Mehrheit der Menschen. Die Weltwirtschaft in ihrer derzeitigen Ausbreitung und Funktionsweise hat einen Grad von Unordnung erreicht, der alles Lebendige verheizt und einen fatalen ökologischen Fußabdruck hinterlässt.

Zum Beispiel müssen die meisten Staaten, um ihre Bevölkerung ernähren zu können, auf landwirtschaftliche Produkte zurückgreifen, die Tausende Kilometer von ihnen entfernt erzeugt werden. Diese wachsende gegenseitige Abhängigkeit verschafft uns Zugriff auf alle Produkte dieser Welt, stellt aber gleichzeitig eine Schwachstelle im System dar: wenn nämlich der Welthandel behindert wird – aufgrund von Pandemien, aber auch Kriegen, Handelsunterbrechungen etc. Der Versorgungsengpass bei Masken zu Beginn der Covid-19-Pandemie hat die Grenzen dieses Systems deutlich aufgezeigt.

Die Coronakrise hat nun noch einmal verstärkt Schwachstellen des neoliberalen Wirtschaftssystems aufgedeckt, dessen Nachhaltigkeit bereits seit Jahrzehnten von einer Vielzahl wissenschaftlicher Arbeiten in Frage gestellt wurde.

Aber wie lässt sich heute ein ganzheitliches Konzept für den Wohlstand aller umsetzen? Wie können wir die tiefgreifenden Veränderungen, die uns bevorstehen – in Bezug auf das Klima, die Technologie und

das Zusammenleben der Menschen – mitgestalten und bewältigen? Wer wird neue Allianzen der Verantwortung bilden? Denn im Endeffekt ist dies die Krise einer Weltordnung, die ihren grundlegenden Sinn verloren hat. Es ist eine Krise der Sinnhaftigkeit, die dadurch zum Ausdruck kommt, dass die Technik und das Know-how die Macht über Sinn und Ethik übernommen haben.

Ich möchte an dieser Stelle nicht auf die Berichte des Weltklimarats oder auf anderes zurückkommen, was schon hundertmal gesagt wurde. Was ich nicht verstehe, ist Folgendes:

WIE KANN ES SEIN, DASS WIR TROTZ UNSERES GESAMMELTEN WISSENS IN BEZUG AUF DIESE SITUATION **BISHER NICHT IN DER LAGE SIND,** EINEN WIRKLICHEN WANDEL EINZULEITEN?

Felwine Sarr mit Isaa Damaan und Youssoupha Fehe Sarr (Doktoranden der Universität Cheikh Anta Diop in Dakar) sowie Ismaila Mignane Ndiaye (Professor der Philosophie).

MYTHOS 1: **DIE WIRTSCHAFT DIENT ALLEN.**

Jede Epoche hat ihre Glaubensgrundlagen, ihre Art, die Realität rund um ihre Werte und ihren Glauben zu ordnen. Und die Anthropologie hat uns gezeigt, dass sämtliche menschlichen Gesellschaften auf einem Gründungsmythos basieren. Auch moderne Gesellschaften, vor allem die westliche Industriegesellschaft, kommen an diesem Aufbau nicht vorbei. Diese Gesellschaft hat das Bedürfnis, ihre Entwicklung zu legitimieren. Sie hat das Bedürfnis, ihre Aneignung der Zukunft durch eine Mythologie zu legitimieren, die ihre gesellschaftlichen Ideologien widerspiegelt. Aus dieser Perspektive ist die Wirtschaft bzw. die Wirtschaftswissenschaft in der industrialisierten Gesellschaft etwas so Dominantes, dass sie wie ein »Ökomythos« funktioniert.

DER **ÖKOMYTHOS LAUTET:** WOHLERGEHEN, WACHSTUM, FORTSCHRITT, GLEICHBERECHTIGUNG.

Das sind die Schlüsselbegriffe dieser Kosmologie. Der Ökomythos hat sich in eine Sprache verwandelt, und die Gesellschaft nutzt ihn, um zu kommunizieren, zu denken und die Realität zu erfahren. Er hat die Aufgabe, die Wirklichkeit rund um diese Überzeugungen anzuordnen. Dieser Mythos hat in unserer Realität eine Führungsrolle eingenommen. Und diese Führungsrolle ist so mächtig, dass sie es schafft, die Realität zu verschleiern. Denn wenn man die Weltlage betrachtet, wird einem ja bewusst, dass all das gar nicht gegeben ist. Dass diese Weltwirtschaft, das System, in dem wir leben, im Gegenteil tiefgehende Ungleichheiten verursacht.

Senegals Hauptstadt Dakar ist
das bedeutendste Wirtschafts-
zentrum des Landes und hat

Traditionelle Pirogen der Fischer von Dakar. Die Fischerei an der Atlantikküste des Senegal zählt zu den wichtigsten Wirtschafts-

WAKEUR

Der Industriehafen von Dakar ist einer der größten an der Westküste Afrikas.

MYTHOS 2: **DIE WIRTSCHAFT IST IMMER NEUTRAL.**

»WIR BRAUCHEN EIN **GANZHEITLICHES KONZEPT** FÜR DEN WOHLSTAND ALLER.«

Es ist wichtig zu wissen, dass die Wirtschaftswissenschaft, die sich heute als Wissensordnung etabliert hat, eine relativ junge akademische Disziplin ist. In sämtlichen menschlichen Gemeinschaften ging ihr bereits wirtschaftliches Handeln voraus. Denn keine Gesellschaft hat auf die Einrichtung einer akademischen Disziplin gewartet, um wirtschaftliche Beziehungen einzugehen.

Die Wirtschaft ist also kein Naturgesetz, sondern eine gesellschaftliche Gegebenheit. Sie ist etwas, das sich soziohistorisch in einem bestimmten Kontext entwickelt hat. Die Wirtschaft ist nicht neutral, sie wirkt sich nicht neutral auf unseren Blick auf die Welt aus, sondern sie bringt eine spezifische und eigene Werteskala hervor.

Die Weltwirtschaft ist auf einem strukturell ungerechten Welthandel aufgebaut und führt daher auch zu einer ungerechten Verteilung der erwirtschafteten Werte, des Know-hows und der technologischen Innovationen. Es ist ein System, das unfairen Wettbewerb zwischen den Märkten und den Produzenten an verschiedenen Orten der Welt hervorbringt: Einige subventionieren ihre Produzenten und ihre Landwirte, errichten gleichzeitig kommerzielle und nicht-kommerzielle Barrieren, agieren aber zeitgleich ohne jegliche Hindernisse auf den Märkten der anderen. Dieses System bringt Monopole, angeborene Privilegien, politische Renten, Asymmetrien und die Dominanz über ganze Segmente der Weltwirtschaft mit sich.

Wenn wir uns eine Welt wünschen, in der deutlich mehr Gerechtigkeit und Wohlstand für alle herrschen, ist es vielleicht an der Zeit, an der Einführung von Regeln für eine wesentlich gerechtere Verteilung des globalen Mehrwerts zu arbeiten. Die Welthandelsorganisation (WTO) ist ein solcher Ort, an dem Regeln definiert und Verhandlungen geführt werden. Wir können über Regeln nachdenken, wie wir den Mehrwert auf wesentlich gerechtere Weise teilen können. Es geht vielleicht gar nicht so sehr um Solidarität, sondern um globale Gerechtigkeit und Chancengleichheit.

Wenn man etwa in den Amazonas fährt, findet man dort ein etabliertes Ökosystem vor, dessen Bewohner*innen ihr eigenes Territorium unter Kontrolle und funktionierende Wirtschaftsbeziehungen aufgebaut haben. Dort soll nun eine Extraktionsindustrie errichtet, die Beziehung zwischen Mensch und Umwelt auf den Kopf gestellt und dafür gesorgt werden, dass wir unseren Zugang zur Wirtschaft auf der ganzen Welt als den einzig richtigen durchsetzen können – anstatt Raum zu schaffen für die verschiedenen Ausprägungen dessen, was ich »Ökonomizität« nenne, also jegliche Form wirtschaftlichen Handelns.

MYTHOS 3: **ES GIBT NUR EINE RICHTIGE FORM WIRTSCHAFTLICHEN HANDELNS.**

Wir könnten uns sagen, dass wir nicht an der Vereinheitlichung der Welt arbeiten müssen, sondern verschiedenen Formen der Ökonomizität Raum geben können, die in verschiedenen Gegenden koexistieren und denen möglicherweise unterschiedliche Rationalitäten zugrunde liegen. Formen wirtschaftlichen Handelns, die es den Menschen ermöglichen, ihre Grundbedürfnisse zu befriedigen. Wir könnten einsehen, dass die Geschichte diese Vielfalt hervorgebracht hat.

Afrika ist für mich ein interessantes Beispiel, weil der Kontinent am industriellen Abenteuer des 20. Jahrhunderts nicht wesentlich beteiligt war. Wirtschaftlich gesehen ist es der am wenigsten »entwickelte« Kontinent. Aus meiner Sicht bietet sich diesem Kontinent dadurch die Möglichkeit, zu einem Ort zu werden, an dem verschiedene Formen der Ökonomizität neu erfunden werden. Das kann gelingen, wenn Lehren aus den Erfahrungen des 20. und 21. Jahrhunderts gezogen werden, ohne ihre Fehler zu wiederholen – und so an die ursprüngliche Funktion der Wirtschaftswissenschaft angeknüpft wird: zum Wohlergehen möglichst vieler beizutragen.

In der Beobachtung des afrikanischen Kontinents stelle ich mit großem Interesse fest, dass innovative Formen der Ökonomizität umgesetzt werden, die ei-

Markt in der Altstadt
von Dakar.

nem wirtschaftlichen Umdenken auf globaler Ebene Vorschub leisten können, sowie Wirtschaftsformen, die in erster Linie auf Kreislaufwirtschaft und relationaler Wirtschaft basieren.

Wenn man zum Beispiel versucht, das Einkommen der Menschen in Afrika in Umfragen zu erheben, findet man heraus, dass viele von ihnen kein Einkommen beziehen, niemals gearbeitet oder einen Arbeitsvertrag gehabt haben. Aber sobald sie Teil dieses Beziehungsgeflechts sind, der Onkel, der Sohn, die Tante oder der Neffe von jemandem sind, werden sie Teil des Netzes, innerhalb dessen die Ressourcen und der Reichtum verteilt werden. Man braucht keinen Gehaltszettel und kann trotzdem arbeiten, Einkommen und Ersparnisse haben, weil man Teil dieses Beziehungsgeflechts ist, das Vorrang gegenüber der materiellen Wirtschaft einnimmt.

Ein Beispiel aus meiner Familie: Meine Mutter ist Hausfrau, wie man so schön sagt, sie hat ihre Kinder großgezogen, aber ihr ganzes Leben lang niemals offiziell gearbeitet. Sie hat sich also um ihre Familie gekümmert, aber es hat ihr nie an etwas gefehlt, weil sie Teil eines Beziehungsgeflechts war, das ihr eine gewisse Form von Einkommen garantiert hat. Es hat ihr ermöglicht, Ersparnisse anzulegen, was selbst manche ihrer Kinder nicht schaffen. Wenn man nun eine Umfrage machte und sie nach ihrem Einkommen auf der Grundlage ihrer Gehaltszettel fragte, würde man sie in die Gruppe von Menschen einordnen, die sich unterhalb der Armutsgrenze befinden. Aber ihre Lebensrealität passt überhaupt nicht zu der Kategorie, in die man sie fälschlicherweise stecken würde.

Diese relationale Wirtschaft ist in vielen unserer Gesellschaften die Grundlage der kollektiven Intelligenz einer Gruppe. Das kann ein Unternehmen oder eine Genossenschaft sein. Tatsächlich handelt es sich dabei nicht um eine informelle Wirtschaft, sondern um eine Wirtschaft, der andere Codes zugrunde liegen als der klassischen Wirtschaft.

In dieser Art Wirtschaft werden Darlehen ohne Garantie vergeben, weil die Vertrauensbasis bereits langfristig hergestellt wurde. Diese Darlehen stützen sich auf den Wert des mündlichen Versprechens. Auch in dieser Wirtschaftsform gibt es Ressourcenverteilung und Umverteilung, die wirtschaftliche und soziale Zwecke erfüllen. Das wirtschaftliche Handeln ist jedoch an die gesellschaftlichen Zwecke gebunden und kann nicht getrennt von ihnen betrachtet werden.

Wir sollten der Wirtschaft den richtigen Platz zuweisen, an dem sie ihre anfängliche oder ursprüngliche Funktion erfüllen kann: zum Wohlergehen möglichst vieler Menschen beizutragen.

Neben dem Bemühen um ein gerechteres Wirtschaftssystem und verschiedene Formen wirtschaftlichen Handelns, die nebeneinander existieren dürfen, geht es jetzt um die Möglichkeit, die dominante Weltwirtschaft neu zu erfinden.

Das bedeutet, sich dessen bewusst zu sein, dass auch der soziale Austausch eine kommerzielle Komponente in sich trägt – dass es aber auch Räume gibt, die von diesem kommerziellen Austausch unberührt bleiben müssen. Wir brauchen solche gemeinsamen Räume, und zwar nicht-kommerzielle Wirtschaftsräume, die nicht von privaten Interessen geleitet sind und dem Wohlergehen möglichst vieler Menschen dienen. Einer dieser Wege besteht deshalb darin, daran zu arbeiten, dass die Ökonomie ihre zentrale Position aufgibt – und ihr einen passenden Platz zuzuweisen.

Königin Idia von Benin im Museum of Black Civilizations in Dakar. Das Museum wurde 2018 eröffnet und gilt als eines der modernsten Afrikas.

MYTHOS 4: **UNSER SYSTEM IST DER HÖHEPUNKT ALLER ENTWICKLUNG.**

»SOBALD **ALTERNATIVE FORMEN** AUFTRETEN, DIE VON ALTEN NARRATIVEN UND KULTUREN INSPIRIERT SIND, **ERSCHEINEN SIE ARCHAISCH** UND RÜCKSCHRITTLICH.«

Die Macht des herrschenden Systems besteht darin, uns davon überzeugt zu haben, dass dieses System, in dem wir leben, eine Evolution der ursprünglichen Form von Ökonomizität darstellt, die sich über die Zeit hinweg verfeinert und optimiert hat. Wir befänden uns also am Höhepunkt, in einer Art unveränderbarem Zustand. Wir hätten einen Wissensstand und Kompetenzen erreicht, die die ultimative Ausprägung dessen sind, was wir über lange Zeit an wirtschaftlichen Fähigkeiten erlernt haben. Hat man dieses Stadium der Evolution einmal erreicht, wird man nicht mehr zurückgehen. Sobald alternative Formen auftreten, die von alten Narrativen und Kulturen inspiriert sind, erscheinen sie archaisch und rückschrittlich.

Was man dabei gern vergisst, ist, dass unser System seinen Ursprung im 15. Jahrhundert hat, und wie jedes soziale Konstrukt wird es geboren, wächst heran, altert und verschwindet irgendwann aufgrund seiner eigenen inneren Widersprüche. Menschliche

Gemeinschaften werden andere Zugänge zur Ökonomizität und andere Wege finden, ihre Bedürfnisse zu befriedigen.

Schon jetzt denken die Ökonom*innen darüber nach, wie Wertschöpfung ohne Finanzsystem und Banken funktionieren könnte, wenn alle Ressourcen des Planeten verbraucht sind. Was werden wir dann tun? Es ist Zukunftsforschung, aber äußerst ernst, weil klar ist, dass diese Art zu wirtschaften, die wir kennen, nicht natürlich ist: Es ist eine Konstruktion, das Ergebnis einer soziohistorischen Entwicklung.

Fangen wir also an, über eine postkapitalistische Wirtschaft nachzudenken. Wir verfügen über ausreichend Erfahrungswerte, die uns zeigen, dass es alternative Möglichkeiten gibt, wie wir unsere Bedürfnisse umweltschonend erfüllen und uns in Richtung eines ökologischen Wandels begeben können.

Was also ist der Grund für die Entzweiung zwischen unserem Wissen und unserem darauf basierenden Handeln?

MYTHOS 5:
DER MENSCH STEHT ÜBER ALLEN ANDEREN LEBEWESEN.

Wenn wir genauer über diese Frage nachdenken, wird uns bewusst, dass unsere Probleme darin begründet sind, wie wir unser Sein in Bezug auf alle anderen Lebewesen definieren. Unser modernes Zeitalter ist das Zeitalter der großen Entzweiung: zwischen Körper und Geist, Natur und Kultur. Wir haben eine instrumentale Beziehung zur Natur, die wir in eine reine Ressource verwandelt haben. In dem Moment, in dem wir beschlossen haben, uns die Natur untertan zu machen, haben wir sämtliche anderen Lebewesen zu Objekten gemacht. Der Mensch hat in der zentralen Stellung, die er heute einnimmt, vergessen, dass er kein Wesen ist, das von allen anderen getrennt existieren kann.

Er hat sich diese fiktive Vorstellung zurechtgelegt und sie hat dazu geführt, dass wir alle anderen Lebewesen ausbeuten – eine Situation, aus der wir heute Schwierigkeiten haben auszusteigen. Es ist eine philosophische Herausforderung, unseren Platz auf diesem Planeten und unsere Beziehungen zu anderen Lebewesen zu überdenken.

Über Dakar und die davor liegende Insel Gorée wurden mehr Afrikaner*innen als Sklaven in die westliche Hemisphäre verschleppt als von jedem anderen afrikanischen Hafen aus. Gorée gehört heute zum Weltkulturerbe der UNESCO.

»WIR BRAUCHEN **NEUE BEWERTUNGSKRITERIEN.**«

Campus der Universität Cheikh Anta Diop in Dakar.

Zugleich ist es auch eine Herausforderung, die Kategorien, mit deren Hilfe wir bislang das Wohlbefinden evaluieren, in Frage zu stellen. Das Bruttoinlandsprodukt (BIP) hat sich zur wichtigsten Kategorie in dieser Hinsicht entwickelt. Sieht man sich das BIP jedoch an, wird deutlich, dass es nicht alle Produktionskosten erfasst: Weder die Umwelt- und die sozialen Kosten noch unbezahlte Hausarbeit fallen hinein. Die Unternehmen können ihre Gewinne, so sie welche erzielen, evaluieren – aber der gesellschaftliche Zweck der Unternehmen sollte eigentlich genau so bewertbar werden: Inwiefern hat das wirtschaftliche Handeln zur Freiheit des Einzelnen beigetragen, das zu tun und zu sein, was ihm wichtig ist? Inwiefern hat das wirtschaftliche Handeln zum Wohlergehen im weiteren Sinne beigetragen?

Auch in dieser Hinsicht gibt es grundlegende Arbeit zu leisten, um die seit dem 18. Jahrhundert dominanten wirtschaftlichen Kategorien in Bezug auf das Wohlergehen hinter uns zu lassen. Wenn unser Ziel das Wohlergehen der menschlichen Gemeinschaften ist, gibt es eine ganze Reihe an immateriellen Faktoren, die absolut grundlegend sind.

Was zu unserem Wohlbefinden beiträgt, geht über die wirtschaftliche Sphäre hinaus, und dennoch herrschen ökonomische Kriterien in dieser Bewertung vor.

Wir müssen also unsere Bewertungskriterien wie zum Beispiel die Arbeit überdenken. Ich möchte das am Beispiel Afrikas veranschaulichen: Wenn man den demografischen Vorhersagen Glauben schenken darf, wird es im Jahr 2100 ca. 4 Milliarden Afrikaner*innen geben, was 40 Prozent der Weltbevölkerung ausmachen wird. Der größte Anteil junger Menschen im Alter zwischen 25 und 45 Jahren wird in Afrika leben. Das bedeutet, dass die Weltjugend afrikanisch sein wird. Angesichts dieser Anzahl an Menschen scheint unser jetziger Ansatz der Erwerbsarbeit schwer durchführbar. Wie soll man all diesen Milliarden Menschen einen bezahlten Bürojob verschaffen? Das bedeutet also, dass wir den Faktor Arbeit überdenken müssen, genauso wie über die Verteilung der Einkünfte zwischen Kapital und Arbeit – und dass wir sogar über die Bezahlung nachdenken müssen.

Wir müssen also die Mechanismen der Ökonomie überdenken. Zugleich gilt es jedoch, die nicht-marktwirtschaftlichen Wirtschaftsräume auszudehnen.

Fluchtursache Nummer 1: Überfischung durch Megatrawler

Eigentlich befindet sich an der westafrikanischen Küste einer der reichsten Fischgründe der Welt. Deshalb ist die Fischerei auch einer der wichtigsten Wirtschaftsfaktoren des Senegal: Jeder Fünfte lebt direkt oder indirekt davon. Doch die großen Fangflotten aus der EU, China und Russland holen manchmal an nur einem Tag so viel aus dem Meer, wie 50 Pirogen zusammen in einem ganzen Jahr fischen könnten – zum Teil lizensiert, zum Teil illegal. In jedem Fall kehren die senegalesischen Fischer immer öfter mit leeren Netzen heim.

ALLMENDE – EINE WIRTSCHAFT DES GEMEINGUTS

Die amerikanische Politikwissenschaftlerin Elinor Ostrom erhielt vor einigen Jahren den Nobelpreis für ihre Auseinandersetzung mit dem öffentlichen Gut, den Allmendegütern, der Fischereiwirtschaft und der Miteigentümerschaft. Sie hat gezeigt, dass die Mechanismen des Marktes bzw. der staatlichen Regulierung für die Lösung einer Vielzahl von Problemen weitaus weniger gut funktionieren als Mechanismen des Verhandelns und der Kooperation.

In einer Zeit, die von Umweltkrisen und einer weltweiten Verschärfung der wirtschaftlichen und sozialen Ungleichheit geprägt wird, ist die Produktion von Allmendegütern und die Erhaltung nicht rivalisierender, allgemein zugänglicher Räume unabdingbar. Dadurch wird so vielen Menschen wie möglich das Recht zur Nutzung und der Zugang zu gemeinschaftlichen Ressourcen ermöglicht. Die Biodiversität, das Wasser, die Luft, die geostationären Umlaufbahnen, die Fischerei, die Menschenrechte – all das sind Gemeingüter. Die Regeln, wie diese zu verwalten sind, müssen von allen Beteiligten gemeinsam definiert werden. Gemeingüter müssen aufgebaut werden – hier stellt sich die wichtige Frage, wie dabei vorzugehen ist und wie man sie verwalten soll.

In der Praxis besteht die Allmende allerdings nicht nur aus einer Ressource, sondern aus einem lebendigen sozialen System kreativer Akteure. Es ist eine Gemeinschaft, die ihre Ressourcen verwaltet, indem sie ihre eigenen Regeln, Traditionen und Werte definiert. Diese Sichtweise steht bei Ökonomen nicht hoch im Kurs, weil sie die Debatte aus dem theoretischen Rahmen des Homo oeconomicus hinausführt. Sie bezieht nämlich auch andere Geistes- und Sozialwissenschaften mit ein, wie die Anthropologie, Soziologie und Psychologie.

Vor allem aber beschränkt sich die Idee der Allmende nicht auf Zahlen, Statistiken und Normen. Sie spiegelt stattdessen informelle, generationsübergreifende, auf Erfahrungen basierende und ökologische Realitäten wider. Realitäten, die lokale Besonderheiten sowie historische und kulturelle Faktoren einbeziehen – und damit die Annahme eines allgemeingültigen Standards schwierig gestalten.

Es geht um soziale Werte außerhalb der Reichweite von Marktwert und der privaten Aneignung. Und damit können sie nicht einzig und allein von der Theorie des rationalen Handelns oder den neodarwinistischen Narrativen der neoliberalen Wirtschaft erfasst werden.

Relationale Wirtschaft und Allmendegüter

Die »relationale Wirtschaft« zielt in erster Linie auf das Erschaffen authentischer Beziehungen ab, und die Herstellung dieser Beziehungen ist bereits ein Wert an sich. Bevor noch ein Handels-, Währungs- oder anders gearteter materieller Austausch initiiert wird, geht es darum, Beziehungen jeglicher Art zwischen Einzelnen herzustellen. Das Beziehungsgeflecht, das auf diese Art entsteht, erhält eine derartige Qualität und Macht, dass es bereits einen Wert für sich darstellt. Dieses Beziehungsgeflecht kann auch außerhalb der klassischen Wirtschaft funktionieren.

Unter Allmende- oder Gemeingütern versteht man die sozialen Praktiken des gemeinschaftlichen Lebens. Immer, wenn eine Gemeinschaft beschließt, eine kollektive Ressource gemeinsam zu verwalten und dabei den Fokus auf gerechten Zugang, Nachhaltigkeit und Inklusion legt, entsteht ein Gemeingut.

Elinor Ostrom hat sich mit der Frage beschäftigt: Wie lässt sich sicherstellen, dass der gemeinsame Nutzen erhalten bleibt und nicht jeder von ihnen in Versuchung gerät, nur zu seinem eigenen Vorteil zu handeln? Die empirischen Daten lassen vermuten, dass Gemeinschaften, vor allem im ländlichen Raum, durchaus in der Lage dazu sind, natürliche Ressourcen nachhaltig zu verwalten. Dabei kommt den sozialen Verflechtungen eine wichtige Rolle zu.

»ES GEHT UM SOZIALE **WERTE, DIE AUSSERHALB DER REICHWEITE DES MARKTWERTS** LIEGEN.«

WIR BRAUCHEN EINE SPRACHE DES GEMEINGUTS

Wir stehen bisher unter der Herrschaft einer Sprache, die zum System wird. Um aus dieser Sprache und der Realität, die sie schafft, auszubrechen, müssen wir eine Sprache für die Ökonomie des Lebendigen und die Produktion der Gemeingüter finden. Eine Ökonomie des Lebendigen erfordert auch eine komplette Überarbeitung der Wirtschaft als Praxis. Wir müssen ihre Grundlagen, Methoden und Ziele wieder neu aufbauen und in das höchste aller Ziele integrieren: die Sicherung unseres Überlebens.

Diese Sprache hilft uns dabei, die Eingrenzungsversuche des Markts und den Wert des Gemeinwesens klar zu benennen und darzustellen. Sie ist ein Instrument zur Neuorientierung unserer Wahrnehmung und unseres Verständnisses. Ohne eine Sprache der Allmende bleiben die sozialen Realitäten, auf die sie sich bezieht, unsichtbar oder kulturell an den Rand gedrängt. Diese Sprache hilft uns bei der Formulierung von politischen Forderungen und Wertehierarchien. Sie hilft uns auch dabei, uns aus dem Korsett der sozialen Rollen, in dem wir als Konsument*innen, Wähler*innen, Bürger*innen gefangen sind, zu befreien.

WIR KÖNNEN DIE RISSE DES SYSTEMS NUTZEN

Eines der Missverständnisse in der Vorstellung einer postkapitalistischen Zukunft scheint mir zu sein, dass das kapitalistische System durch eine Alternative ersetzt werden muss, die genauso allumfassend ist. Und nachdem wir das bisherige, allumfassende System nicht sehen können, haben wir den Eindruck, dass diese Aufgabe unmöglich zu lösen ist. Dabei könnten wir versuchen, den Kapitalismus zu schwächen, indem wir Alternativen in seinen Rissen konstruieren – von diesen Rissen gibt es nämlich mehr als genug. Die Märkte haben Risse, das System ist fehlerhaft, und genau in diesen Spalten können wir ansetzen. Wir müssen nur daran glauben, dass diese Ansätze dann zusammenwachsen. Cornelius Castoriadis hat ein hervorragendes Buch geschrieben, in dem er zeigt, dass sich Gesellschaften in erster Linie über ihre Vorstellung errichten. Wenn es uns also nicht gelingt, uns eine wohlhabende Welt vorzustellen, in der die Wirtschaft dem Wohlergehen vieler dient, werden wir es kaum schaffen, diese Welt Wirklichkeit werden zu lassen.

Dieses Nachdenken über die postkapitalistische Zukunft muss natürlich mit einer Analyse der Machtverhältnisse und der Bedingungen der Möglichkeiten dieser neuen Welt einhergehen. Die aktuellen Machtverhältnisse sind heutzutage ungünstig für jene, die sich diese neue Welt wünschen – und zwar auf der globalen Ebene.

WIR BRAUCHEN EINE KONKRETE UTOPIE

Aber es gibt ein meiner Meinung nach sehr wichtiges und fruchtbares Konzept, auf das man sich berufen kann, nämlich das der konkreten Utopie. Wenn ich von Utopien spreche, meine ich nicht die globalisierenden totalitären Utopien des 20. Jahrhunderts, die in Tragödien geendet haben. Die Utopie ist ein philosophisches Konzept, das mit dem Begriff des »anderen Orts« zusammenhängt. Dabei handelt es sich nicht um einen Wunschtraum, der sich niemals erfüllen wird.

Der Beitrag der Utopie besteht vielmehr darin, uns die Geschichte als einen Raum von Möglichkeiten und Produktivität vorstellen zu können. Vor einigen Monaten war etwas eine Utopie, heute ist es Wirklichkeit geworden. Es war ein Raum in der Wirklichkeit, der auf uns gewartet hat. Er war bereits da, aber es hat unsere Begeisterung, unseren Willen und unser Handeln gebraucht, um ihn zu ermöglichen und zu einem Teil unserer historischen Zeit zu machen. Das ist das Wichtigste: die Geschichte als Raum von Möglichkeiten zu betrachten. Die Geschichte ist keine Notwendigkeit, sondern reich an einer Vielzahl von Möglichkeiten.

Das Coronavirus wird sterben, ebenso wie noch folgende Viren, die vielleicht weitere Pandemien auslösen. Weniger sicher aber ist, dass die schlechten Gewohnheiten dieser Welt, ihre Ungleichheiten und Ungerechtigkeiten, ihre Raffgier, ihre Maßlosigkeit, mit ihm sterben werden. Gerade diese sind es doch, die wir bekämpfen müssen. Die Ursachen für dieses Massensterben zu überdenken, das wir uns selbst zugefügt haben, könnte uns dazu bringen, besser leben zu lernen.

Denn die Krise allein wird nichts beseitigen. Sie muss uns anzeigen, was nicht mehr haltbar ist und sich ändern muss. Damit sie eine Veränderung hervorbringt, ist ein Umdenken nötig, vor allem aber müssen wir daran arbeiten.

In der Welt nach einer Krise geht es darum, diese strukturellen Transformationen durchzuführen, die Wirtschaft als Teil ihres soziokulturellen Umfelds zu verstehen, in ihrer Symbiose mit dem Leben. Dafür sind kulturelle, soziale, politische Revolutionen notwendig, und daran müssen wir arbeiten.

»DIE KRISE ALLEIN WIRD **NICHTS** BESEITIGEN. DAMIT SIE EINE **VERÄNDERUNG HERVORBRINGT,** IST EIN UMDENKEN NÖTIG, VOR ALLEM ABER **MÜSSEN WIR DARAN ARBEITEN.**«

IST UNS DIE WELT NICHT GROSS GENUG?

Wie sich der Ressourcenverbrauch entwickelt hat

Die Daten zum »Earth Overshoot Day« zwischen 1970 und 2020 zeigen: Im Gleichgewicht waren Erde und Menschheit zuletzt vor rund 50 Jahren.

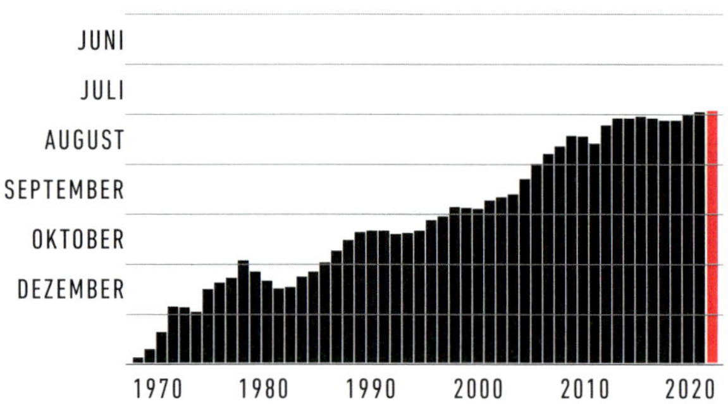

Der Mensch überzieht die Belastungsgrenzen der Erde: Die Weltbevölkerung nähert sich der Acht-Milliarden-Schwelle – und verbraucht dabei deutlich mehr Ressourcen, als nachhaltig zur Verfügung stehen.

Wir zerstören rasant Naturflächen, verlieren die stabilisierende Biodiversität, tragen viel zu viel Stickstoff in biologische Kreisläufe ein, vergiften die Böden, verändern das Klima. In welchem Ausmaß wir dabei »auf Pump« leben, zeigen Wissenschaftler der Organisation *Global Footprint Network* anhand der von ihnen errechneten Größe des »Welterschöpfungstags« auf: Er gibt länderspezifisch an, wann alle Ressourcen verbraucht sind, die uns die Natur pro Jahr überlassen könnte.

Für die gesamte Menschheit betrachtet, fiel dieser »Earth Overshoot Day« im Jahr 2020 auf den 22. August.

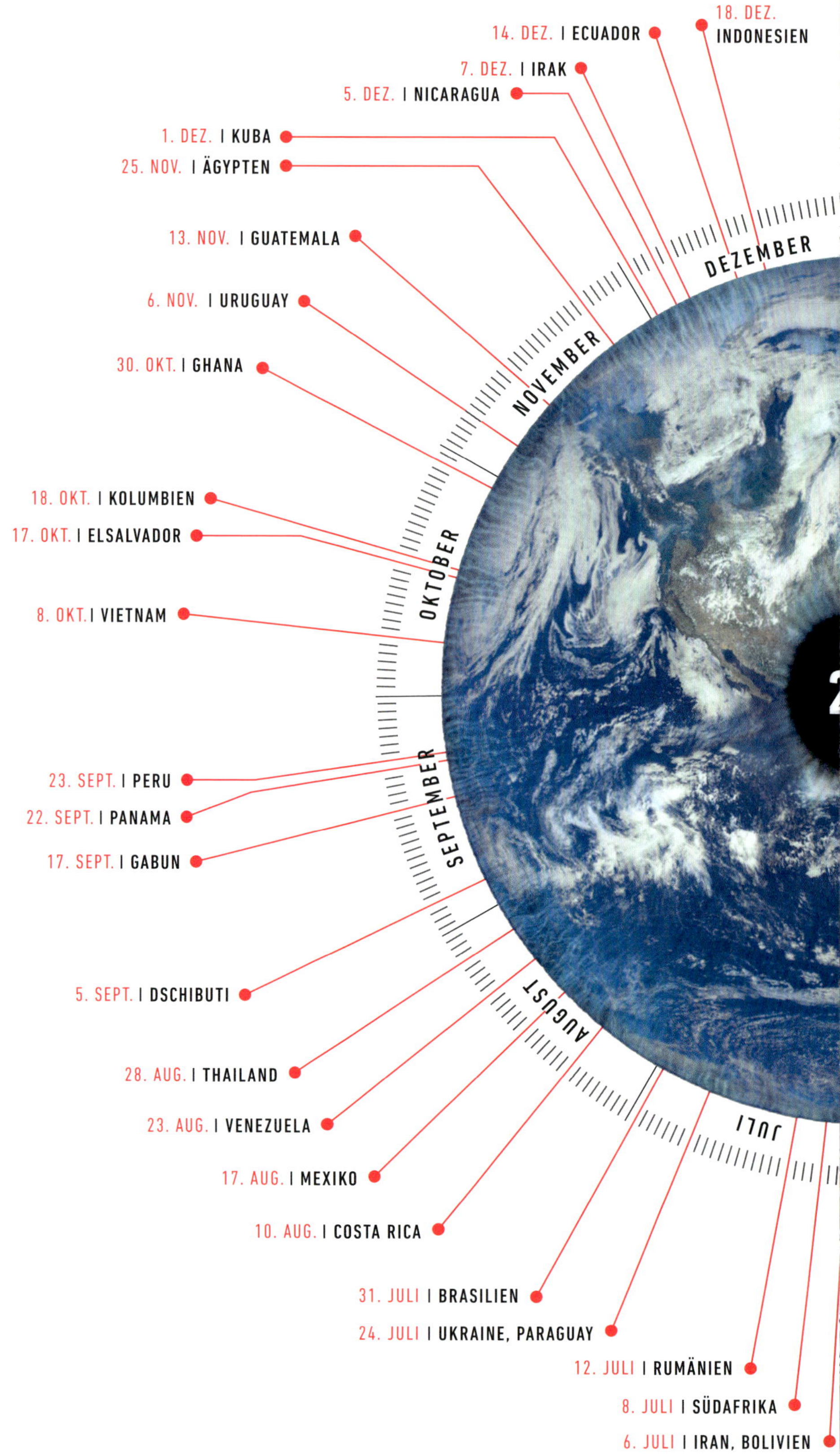

DIE ÜBERLASTUNG DER ERDE

Wie viele Erden bräuchten wir, wenn alle so lebten wie die Bewohner von…?

Fast zwei Erden bräuchte die Menschheit, um so zu leben, wie sie es derzeit tut. Dabei wird klar: Vor allem in Industrienationen müssen wir dringend nach neuen Wegen suchen, um die Kraft des Planeten nicht weiter auszulaugen

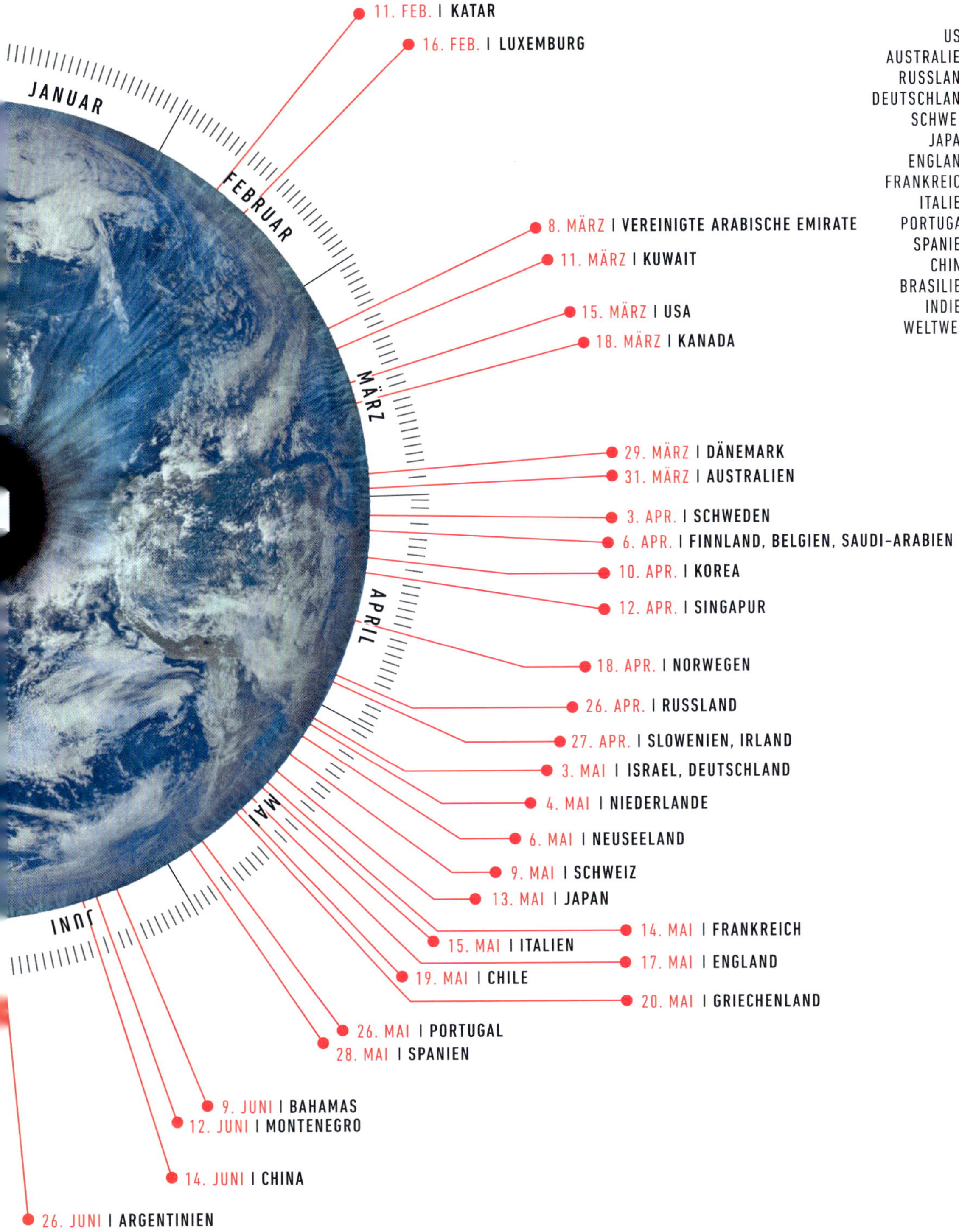

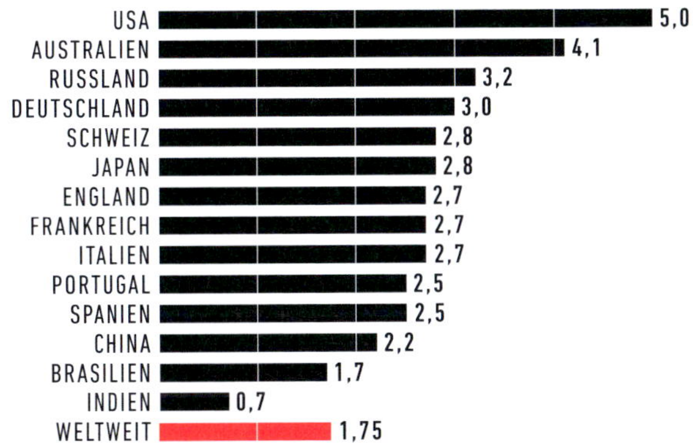

Quelle: Global Footprint Network

»JA, WIR WUSSTEN VIEL UND FÜHLTEN WENIG. **WIR DURFTEN ES NICHT FÜHLEN** UND HÖRTEN DOCH T. S. ELIOT FRAGEN: ›WHERE IS THE WISDOM WE LOST IN KNOWLEDGE? WHERE IS THE KNOWLEDGE WE LOST IN INFORMATION?‹

HÖRTEN ES UND **HÄUFTEN NOCH MEHR INFORMATIONEN AUF.** ALS BRÄUCHTEN WIR ZUM HANDELN EINEN NEUEN KLIMABERICHT, EINEN NEUEN SCHADENSBERICHT ÜBER DIE WELTMEERE, DEN REGENWALD, MIGRATION, DÜRRE, GLAUBENS- UND HANDELSKRIEGE, ANSTEIGEN DES MEERESSPIEGELS, AUSTROCKNUNG DER WÜSTEN, RESSOURCENKNAPPHEIT, ÜBERBEVÖLKERUNG, ARTENSTERBEN, MULTIRESISTENTE KEIME. WIR KÖNNEN ES NICHT MEHR HÖREN, NICHT WAHR?

SIE LEHREN UNS, WIE DAS GEHT: **NICHTWISSEN IM WISSEN ZU BEHAUPTEN; NICHT GEWUSST ZU HABEN WERDEN, WÄHREND MAN DOCH WUSSTE.** WOHER NEHMEN WIR NUR ALL UNSER NICHTWISSEN?«

ROGER WILLEMSEN

‹ UTOPIE

KOOPERATION ›

DIE BANALITÄT DES GUTEN – GLÜCK IST ERLERNBAR

GLOBAL SOLUTIONS
THE WORLD POLICY FORUM

DENNIS SNOWER

EIN REVOLUTIONÄR SEINES FACHES

Bevor er einen radikalen Kurswechsel einlegt, ist Dennis Snowers Denken traditionell marktwirtschaftlich geprägt. Der in Wien geborene US-Amerikaner absolviert ein Studium in Princeton, macht sich einen Namen als Arbeitsmarktforscher und glaubt ebenso wie die meisten Ökonomen an die übliche Maxime: Der Mensch will stets in erster Linie seinen eigenen Gewinn steigern. Das ändert sich jedoch, als Dennis Snower seine Frau Judith kennenlernt. Gleich beim ersten Date versucht er, ihr anhand von Zahlen und Modellrechnungen das menschliche Verhalten zu erklären. Ein bis heute weit verbreitetes Verfahren in der Wirtschaft, das die studierte Psychotherapeutin jedoch nicht sehr überzeugend findet:

»WAS FÜR EIN UNSINN!«, SAGT SEINE FRAU.

Mit diesen Worten beginnt eine Phase des Umdenkens, die weitreichende Konsequenzen für Snower selbst und sein Fach haben soll. Heiraten wird Judith ihn trotzdem, und so bezeichnet sich Dennis Snower heute nach eigenen Worten als »einen der am besten analysierten Männer Europas«.

Den Menschen als ein soziales Wesen zu begreifen, das Entscheidungen stets abhängig von verschiedenen Kontexten trifft, wird zu seinem Leitgedanken. Für eine Weile sammelt er auf eigene Faust und parallel zu seiner eigentlichen Arbeit Informationen im Bereich der Psychologie und Hirnforschung. Da steht Snower bereits an der Spitze des Kieler Instituts für Weltwirtschaft (IfW), das er im Verlauf seiner 15-jährigen Arbeit Schritt für Schritt hin zu mehr sozialer Verantwortung führen wird. Snowers Kurswechsel wird vor allem von den Medien argwöhnisch beäugt, da man von ihm in seiner Position offenbar rein wirtschaftsfreundliche und marktorientierte Aussagen erwartet. Auch scheint es schwer, ihn in das klassische Rechts-Links-Schema einzuordnen. Tatsächlich interessiert sich Snower vor allem für eine interdisziplinäre Zusammenarbeit der Wirtschaftswissenschaft mit den Sozialwissenschaften, der Psychologie, Soziologie und Anthropologie. Er leitet damit einen Paradigmenwechsel ein, der zum Ziel hat, die Weltwirtschaft als eine Verkettung von politischen, sozialen, ökonomischen und Umweltsystemen zu betrachten.

Im Jahr 2019 verlässt Dennis Snower das Kieler Institut und befindet sich seitdem in einem höchst aktiven Ruhestand. So rief er die *T20 Global Solutions Initiative* ins Leben, eine internationale Thinktank-

Gemeinschaft, die mittlerweile eine Art intellektuelles Rückgrat der G20 geworden ist und sich zur Lösung globaler Probleme für den aktiven Austausch zwischen Wissenschaft, Politik, Wirtschaft und Zivilgesellschaft einsetzt. Dennis Snower lehrt und forscht außerdem in London, Washington und Berlin.

Immer wieder führt ihn seine Arbeit in die Zentren der Macht auf globaler wie auch auf nationaler Ebene. So auch im Jahr 2015 in den Schweizer Bergen beim Weltwirtschaftsforum in Davos, wo Dennis Snower im Rahmen des Projektes »Caring Economics« unterwegs ist. Dessen Ziel ist es, den Einfluss psychologischer und neurowissenschaftlicher Erkenntnisse auf menschliche Emotionen besser zu verstehen – damit wirtschaftliche Entscheidungen vielleicht eines Tages tatsächlich dazu beitragen können, globale Probleme wie Armut und Ungleichheit zu lösen.

Dort trifft er erstmals auf Matthieu Ricard, der eine ganz ähnliche Agenda verfolgt. Die beiden freunden sich an und im April 2019 besucht Dennis Snower den Mönch im Himalaya, um diese Themen auf dem Dach der Welt zu vertiefen.

MATTHIEU RICARD

VOM MOLEKULARBIOLOGEN ZUM MÖNCH

Geboren im französischen Aix-les-Bains, promoviert Matthieu Ricard zunächst als Molekularbiologe bei Nobelpreisträger Francois Jacob.

Anfang der 1970er-Jahre kehrt er jedoch der klassischen Wissenschaft den Rücken und wird buddhistischer Mönch in Nepal. Er ist im Vorstand des Mind & Life Institutes, das den Dialog zwischen moderner Wissenschaft und Buddhismus fördert. Ricard ist Mitinitiator diverser Studien zur Wirkung von Meditation auf das Gehirn und hat mit Pionieren auf dem Gebiet der Neurowissenschaften wie etwa Francisco Varela, Richard Davidson und Tania Singer zusammen gearbeitet. Als Proband zur Vermessung seines eigenen Gehirns verbrachte er viele hundert Stunden in MRT-Röhren.

Ricard ist außerdem Fotograf und Autor verschiedener Bücher, in denen er unter anderem eine globale Wirtschaft mit der Ausrichtung auf Mitgefühl und Altruismus neu denkt. Er gehört heute zum engsten Zirkel um den Dalai Lama und lebt im Kloster Shechen in Nepal.

GESPRÄCH ZWISCHEN DENNIS SNOWER UND MATTHIEU RICARD

IM HIMALAYA

Snower: Was würde wohl passieren, wenn wir im Westen begreifen, dass die Dinge, die uns antreiben, gar nicht von Dauer sind? Dass sie sich verändern?

Ricard: Im Universum existiert ja nichts, das völlig autonom und dauerhaft wäre. Alles verändert sich in jedem Augenblick, auch wenn es auf den ersten Blick nicht so offensichtlich sein mag. Manche Menschen halten die Vergänglichkeit vielleicht für störend, für etwas, das uns daran hindert, die Kontrolle über eine Situation zu erlangen und etwas Dauerhaftes aufzubauen, wie etwa Wohlstand oder Macht. Die meisten Menschen sehen es nicht gern, wenn sie altern oder wenn Dinge alt werden. Eigentlich ist es aber genau diese veränderliche Natur aller Phänomene, die alle Prozesse geschehen lässt. Ohne sie wäre das Universum in einem beliebigen Zustand festgefroren. Das Leben ist, genauso wie alles andere, grundsätzlich vergänglich, und nur so kann ein Saatkorn zum Spross und später zur Blüte und zu einer Frucht werden.

DIE VERGÄNGLICHKEIT DES LAMBORGHINIS

Snower: Angenommen, wir übernehmen diese Vorstellung und denken nun an etwas, das die Menschen in Wettbewerbsgesellschaften immer gerne tun: Sie versuchen, mehr Wohlstand anzuhäufen als andere Menschen um sie herum. Steig in der Hackordnung auf und arbeite dich so hoch du kannst den Totempfahl hinauf.

Ricard: Wenn man unrealistischerweise denkt: »Ich bin ganz oben und dort bleibe ich jetzt«, dann ist das nichts anderes als Selbsttäuschung. Unsere Kontrolle über die äußeren Bedingungen ist nunmal begrenzt, flüchtig und oft illusorisch. Wenn Sie also an der Spitze stehen, bleiben Sie vielleicht eine Zeitlang dort, aber Sie könnten auch jederzeit gefeuert werden oder schwer krank. Oder Ihre Frau verlässt Sie, Sie gehen pleite ... alles Mögliche kann passieren!

Snower: Das ist der Ursprung von Angst.

Ricard: Ja, und vor allem ist es eine Illusion. Denn je stärker man sich an die Dauerhaftigkeit der Dinge klammert, je mehr man an dem Gedanken hängt, desto schmerzhafter wird der Fall. Gleichzeitig ermöglicht die Vergänglichkeit aber auch Veränderungen zum Besseren.

Snower: Würden die Menschen die Vergänglichkeit ernst nehmen – was wäre dann mit diesem Streben nach Status? Angenommen, ich will einen Learjet oder einen Lamborghini ...

Ricard (amüsiert): Psychologische Studien zeigen ja, dass Menschen, die lange von einem materiellen Gut wie einem Lamborghini geträumt und es dann erhalten haben, oft überrascht feststellen, dass es ihr Wohlergehen gar nicht besonders steigert. Oft machen sie sich dann sogar noch mehr Sorgen, zum Beispiel, dass der Lamborghini Schrammen kriegt oder gestohlen wird und so weiter.

Snower (lacht): Ja, genau. Das wäre ja eine Katastrophe!

Ricard: Eine elementare Lehre des Buddhismus lautet: Was oben ist, fällt nach unten, was gesammelt wurde, wird wieder zerstreut, was angehäuft wurde, wird verbraucht. Und ich meine wirklich alles: Familien, unser eigener Körper und so weiter. Das ist keine pessimistische Sichtweise, es ist einfach der Lauf der Welt, ob wir es uns nun eingestehen oder nicht.

Matthieu Ricard und Dennis Snower im Shechen Retreat Center in den Himalaya-Ausläufern, rund 40 km süd-östlich von Kathmandu, Nepal.

DAS ANDERE GESETZ DES DSCHUNGELS

Snower: *Dieser Instinkt, immer um die Wette die Statusleiter zu erklimmen, hat uralte biologische Wurzeln. Wenn Tiere um Paarungspartner konkurrieren, ist der Kräftevergleich sehr wichtig. Und wegen unserer materialistischen Wirtschaft messen wir die relative Stärke an den Besitztümern, am Wohlstand. Ich glaube, genau hier führt uns dieses konkurrierende Statusstreben auf einen sehr problematischen Pfad.*

Ricard: *Wir legen übermäßig viel Wert auf den Wettbewerb, wie zum Beispiel den Kampf um die Alpha-Position in einer Gruppe. Dabei ignorieren wir – absichtlich oder unbewusst – »das andere Gesetz des Dschungels« …*

Snower und Ricard synchron: *… nämlich die Kooperation.*

Ricard: *Selbst Darwin sagte viele wunderbare Dinge über Kooperation. Ein wechselseitiges Geben und Nehmen, das langfristig ausgeglichen ist, ist ein wesentlicher Bestandteil jeder menschlichen Gesellschaft und auch einer sehr großen Zahl von tierischen Gemeinschaften. Kooperation ist sogar unentbehrlich für das Überleben von sozialen Tieren. Laut Darwin »führen die sozialen Instinkte ein Tier dazu, Vergnügen an der Gesellschaft seiner Genossen zu haben, einen gewissen Grad von Sympathie mit ihnen zu fühlen und verschiedene Dienste für sie zu verrichten«. Soziale Tiere helfen einander beim Angriff auf ihre Beute und verteidigen sich gegenseitig.*

Snower: *In einem Artikel im* Economist *stand, dass sich alle menschlichen Errungenschaften zwei Dingen zuschreiben lassen: einerseits der Kooperation und andererseits dem Wettbewerb. Wettbewerb führt zur Innovation, und Kooperation führt dazu, dass wir Errungenschaften konsolidieren. Aber die meisten Innovationen entstehen als Ergebnis von Kooperation …*

Ricard: *Ganz genau.*

Snower: *… und nicht durch Wettbewerb. Vor allem das Status-Streben ist seinem Wesen nach destruktiv, weil man seinen eigenen Status ja nicht verbessern kann, ohne andere dabei herabzusetzen.*

KRIEG UND FRIEDEN IM FERIENLAGER

Snower: *Sicher kennen Sie das berühmte sozialpsychologische »Ferienlagerexperiment« von Muzafer Sherif aus den 1950er-Jahren? Anfangs werden Kinder in zwei Gruppen eingeteilt …*

Ricard: *… ja klar, und beide handeln so, dass sie die Solidarität innerhalb ihrer jeweiligen Gruppe fördern. Dann werden sie in einer Situation zusammengeführt, die Konflikt zwischen den Gruppen erzeugt, und sie geraten automatisch in Streit.*

Snower: *Vor dem Essen wurden gute Speisen auf die eine Seite des Tisches gestellt und schlechte Speisen auf die andere. Die Gruppe, die zuerst an den Tisch kommen durfte, verzehrte die guten Speisen und ließ die schlechteren für die andere Gruppe übrig. Und man brachte die Gruppen in viele weitere Situationen mit hohem Konfliktpotenzial.*

Doch der letzte Teil des Experiments ist nicht so bekannt: Die beiden Gruppen, die sich ständig bekriegten, wurden gemeinsam in einem Schulbus auf die Heimfahrt geschickt. Es gab zunächst fürchterliche Streitereien im Bus, aber dann – das war natürlich so

vorbereitet – hatte der Bus eine Panne, und die beiden zerstrittenen Gruppen mussten zusammenarbeiten, um den Reifen zu wechseln.

Ricard (lacht): *Und alle wurden die besten Freunde!*

Snower (lacht mit): *Ja, Friede, Freude, Eierkuchen. Man kann also ganz einfach Situationen herstellen, in denen Menschen kooperieren. Aber daran denken wir nie, wenn wir Menschen ausbilden und trainieren.*

Ricard: *Das ist ein ganz wunderbares Experiment. Es zeigt, dass das Potenzial für Güte immer vorhanden ist. Wir müssen es nur zutage fördern und ihm eine Chance geben.*

Snower: *Ja, wir sollten uns das zu Herzen nehmen.*

Das Shechen-Kloster zählt zu den »Sechs großen Sitzen« der Nyingma-Schule des tibetischen Buddhismus. Nach der Flucht aus Tibet fand das Kloster in den 1980er-Jahren eine neue Heimat in Nepal.

MENSCHEN SIND NICHT WIE BILLARDKUGELN

Ricard: *Ich frage mich, was uns davon abhält, dieses Wissen zu nutzen.*

Snower: *Ja, was kann das sein? Ein weiteres Beispiel wäre: Warum messen wir in jedem Quartal das BIP? Ich finde das äußerst interessant.*

Ich weiß noch, wie ich in Deutschland genau zu der Zeit, als die neuen BIP-Zahlen bekanntgegeben wurden, mit Journalisten sprach. Das BIP war damals im Vergleich zum vorhergehenden Quartal um 0,2 Prozent gestiegen. Es war im Grunde bedeutungslos. Also nannte ich lieber die neuesten Zahlen, die etwas über gesellschaftlichen Zusammenhalt und soziale Beziehungen aussagten, und meinte, dass diese für uns alle und unser Wohlergehen vielleicht interessanter sein könnten. Es interessierte sie nicht die Bohne. »Sprechen Sie bitte über die neuen BIP-Zahlen, denn die sind in den Nachrichten«, sagten sie. Warum sind wir nur so fixiert darauf?

Ricard: *Das ist wieder so eine reduktionistische Vorstellung von den Menschen. Menschen mögen keine Misserfolge, also achten sie ständig auf die angeblichen Erfolgsmaßstäbe. Welch schäbiger Gedanke, das BIP als solchen zu betrachten! Wenn wir gleichzeitig einen sozialen, einen ökologischen und einen finanziellen Index betrachten und jedem die ihm zustehende Bedeutung geben würden, dann würden die Leute es nicht so wichtig nehmen, wenn der finanzielle Index ein wenig nach unten ginge, solange die beiden anderen Fortschritte erzielten. Sie hätten nicht dieses unangenehme Gefühl eines Misserfolgs.*

Snower: *Wir sind im System gefangen.*

Ricard: *Nun, vielleicht wird uns das gewaltige Gebirgsmassiv des Himalaya vor unseren Augen die Weisheit schenken, mit der wir diese komplizierte Beziehung zwischen dem Streben des Einzelnen und dem Gemeinwohl entwirren können. Es ist ein komplexes Thema. Dieser ganze reduktionistische Ansatz der Wissenschaft ist ja ursprünglich dadurch entstanden, dass man zunächst alles in Einzelteile zerlegen wollte, weil man dachte, dass es sich dann besser erklären lässt. Man wollte die Dinge auf einfachster Ebene betrachten und anschließend herausfinden, wie aus diesen einzelnen Elementen die Komplexität entsteht.*

Die reduktionistische Wissenschaft hat es dann aber zum Grundsatz erhoben, dass diese einfachsten Teile tatsächlich autonom und voneinander unabhängig seien. Man ging davon aus, dass sie ähnlich wie Billardkugeln miteinander interagieren würden: Sie prallen immer wieder kurz zusammen und interagieren, behalten aber trotzdem ihre eigene Identität.

Snower: *Ja, ich glaube, der Individualismus und die Vorstellung von der Unabhängigkeit der Dinge haben seit Platon sehr viel Schaden in der westlichen Gedankenwelt angerichtet. In der Biologie gibt es weder ein Gen noch eine Zelle oder irgendetwas anderes, das für sich alleine und unabhängig existiert. Es ist immer eine Zelle oder ein Gen innerhalb seiner Umgebung.*

Ricard: *In der Physik wurde diese Vorstellung mittlerweile von der Quantenphysik vollständig ausgelöscht. Schon Heisenberg sagte, dass das Atom kein Ding sei, sondern ein Ereignis. Die Quantenphysik zeigt ganz klar, dass die Wirklichkeit auf fundamentaler Ebene – bevor zu viele Elementarteilchen oder Atome miteinander verbunden sind – »nicht lokal«, sondern »verschränkt« ist.*

Snower: *Und wenn wir überlegen, wo der Individualismus besonders viel Schaden angerichtet hat, dann ist das meiner Ansicht nach in der Psychologie. Weshalb man beispielsweise in der Wirtschaft bis heute davon ausgeht, dass das Individuum von eigenen, ganz und gar unabhängigen Vorlieben definiert wird, die durch Veranlagung unveränderbar im Gehirn festgeschrieben sind. Verbraucher sind ganz und gar unbeeinflusst und unabhängig in ihren Vorlieben und sollten auch so behandelt werden, Wähler sind ganz und gar unabhängig in ihren Vorlieben, und so weiter. Die Abhängigkeit des Menschen von seiner Umgebung wird überhaupt nicht beachtet.*

Ricard: *Die buddhistische Philosophie hat große Anstrengungen unternommen, um durch Logik und rationale Schlussfolgerungen zu zeigen, dass alles durch gegenseitige Abhängigkeit in Erscheinung tritt. Nichts existiert als eine wirklich von allem unabhängige Einheit.*

Snower: *Und doch beruht unsere gesamte Vorstellung von Demokratie und Wirtschaft genau auf diesen Konzepten der individuellen Unabhängigkeit. Aber wenn wir die Überzeugung, dass die Menschen in ihren Wünschen und Motivationen vollkommen unabhängig sind, als schwerwiegenden Fehler betrachten – wohin würde uns das führen?*

DAS GEGENTEIL VON FREIHEIT

Ricard: Es gibt natürlich einen gesunden Individualismus, bei dem es darum geht, dass die Gesellschaft als Ganzes, aber auch einzelne Menschen andere Menschen nicht instrumentalisieren dürfen – so wie in autoritären Systemen, als es noch Sklaverei gab. Wissen Sie, ein Mensch – und ich würde sagen, auch jede andere Art – sollte nicht auf die Funktion eines Werkzeugs für die egoistischen Interessen und Wünsche anderer reduziert werden. Jedes fühlende Wesen hat das Recht, seine eigenen, legitimen Wünsche zu erfüllen, sein Leben frei zu wählen und nicht gegen seinen Willen ausgebeutet zu werden.

Was aber wirklich großen Schaden anrichtet, ist der Hyper-Individualismus, den wir heute erleben und der nur auf einem Gefühl des »Ich, Ich, Ich« basiert: »Lasst mich in Ruhe, ich will meine Gefühle ausleben. Ich habe nichts gegen das Glück der anderen – aber es ist nicht meine Aufgabe, und wenn Sie mich zwingen, zum Gemeinwohl beizutragen, dann mischen Sie sich in meine Privatsphäre ein. Wenn Sie mich auffordern, zum Beispiel durch Steuern, zum Gemeinwohl beizutragen, dann ist das Diebstahl.« Das ist im Grunde das, was Leute wie Ayn Rand und ihre Anhänger heute sagen.

Es ist hochgradig dysfunktional, und es wird nicht funktionieren, weil es auf einem falschen Wirklichkeitsbild beruht, denn in der Realität ist unser Glück und unser Leid sehr eng mit dem aller anderen verschlungen.

Snower: Nun, im Westen halten wir die Freiheit eben für unglaublich toll und wichtig, aber wir lassen dabei die Selbstbefähigung außer Acht. Wir sagen einfach: »Was immer du dir gerade wünschst, das solltest du auch tun können.« Wir denken also nie daran, woher die Wünsche kommen. Wir fragen nicht: »Ist dieser Wunsch denn überhaupt gut für dich?«

Ricard: Der Gedanke der Freiheit wird im Westen häufig fehlinterpretiert. Viele Leute denken, Freiheit bedeute, dass sie alles tun können, was ihnen gerade in den Sinn kommt. Doch das ist das Gegenteil von Freiheit, weil man sich auf diese Weise zum Sklaven der eigenen Gedanken macht.

Stellen Sie sich einen Seemann vor, der sagt, seine Freiheit bestehe darin, sein Boot einfach mit dem Wind und den Wellen treiben zu lassen. Sein Schiff wird garantiert untergehen! Für den Seemann besteht die wahre Freiheit doch darin, sein Schiff zu meistern: das

Ruder in die Hand zu nehmen, die Segel auszurichten und sein Ziel selbst anzusteuern. Dazu muss er aber zuerst lernen, mit dem Schiff umzugehen. Nur wer lernt, den Geist zu beherrschen, ist wahrhaft frei – und nicht mehr nur ein Spielzeug spontaner Gedanken.

Snower: *Aber um Herr über den eigenen Geist zu werden, muss man gründlich darüber nachdenken, was man im Leben erreichen will. Und im Westen – und vor allem in der Wirtschaft – lautet die Antwort: »Nun, was die Menschen wollen, ist ihre Sache. Wir erlauben uns darüber keinerlei Urteil.« Und damit nehmen wir den Leuten die Möglichkeit zu überlegen: »Wohin will ich mein Leben steuern?« Und das wird zum Teil auch noch institutionalisiert.*

Ich glaube auch, dass ein Teil des Problems aus der Biologie stammt. Dort wird Altruismus nämlich als etwas definiert, das man auf eigene Kosten für andere tut.

Ricard: *Die Vorstellung, was »Kosten« sind, ist sehr relativ. Wenn jemand fast sein gesamtes Vermögen weggibt, betrachten Außenstehende, die selbst an ihrem Besitz hängen, dies vielleicht als »Kosten«. Die gebende Person selbst empfindet es aber möglicherweise als große Freude. Sie empfindet diesen Akt bedingungsloser Großzügigkeit in Wirklichkeit als »inneren Gewinn«. Egoismus ist eine Lose-Lose-Situation. Man macht sich selbst unglücklich und alle anderen auch. Uneigennützigkeit ist dagegen eine Win-Win-Situation: Primär bewirkt sie etwas Gutes für andere, aber sie leistet auch einen Beitrag für das eigene Wohlergehen.*

DAS TRITTBRETTFAHRER-PROBLEM

Snower: *Dann müsste man allerdings das Konzept des Trittbrettfahrers überdenken. Der Trittbrettfahrer hilft anderen nicht, aber in vielen Situationen – und ganz sicher im Hinblick auf zwischenmenschliche Beziehungen – steht er wahrscheinlich am Ende viel schlechter da als der Altruist.*

Ricard: *Auch wenn vorläufige Erfolge ihm vielleicht ein Hochgefühl verschaffen: »Ich hab' sie alle ausgetrickst!«*

Snower: *Kurzfristig.*

Ricard: *Genau, kurzfristig können sie ein tiefes Gefühl der Befriedigung hervorrufen. Aber dann geraten solche Leute plötzlich in die berühmte »Midlife Crisis«, in der sie merken, dass die gesamte Taktik des Trittbrettfahrens in ihrem bisherigen Leben völlig sinnlos war. In Hongkong traf ich einen Mann, der sagte: »Tja, ich kam vor 20 Jahren hierher und wollte eine Million Dollar verdienen. Ich habe fünf Millionen Dollar verdient, und ich habe 20 Jahre meines Lebens verschwendet.«*

In unserer modernen Welt, die so sehr auf äußerliche Werte – Wohlstand, Berühmtheit, Status, Macht, das körperliche Erscheinungsbild – fixiert ist, kann man dieser Versuchung anscheinend sehr schwer widerstehen. Es ist aber bekannt, dass diese äußerlichen Werte kein echtes Glück bringen – ganz im Gegensatz zu den inneren Werten: Freundschaft, emotionales Gleichgewicht, innerer Frieden, Harmonie mit der Natur und die Sorge um globale Probleme, die das Wohlergehen der Menschheit und aller anderen Arten betreffen.

Snower: *Sie kennen doch sicher diese »Nachruf-Werte«, die plötzlich wichtig werden, wenn jemand stirbt. Heißt es dann: »Er war ein großartiger Mensch. Sein ganzes Leben lang hat er sich ungestraft überall durchgemogelt, wurde sehr reich und hat immer nur seine eigenen Bedürfnisse befriedigt«? Kein Mensch sagt so etwas bei einer Beerdigung. Man sagt stattdessen: »Er war eine großartige Persönlichkeit, weil er anderen half« und so weiter.*

Ricard: *Eine interessante Frage: Was wünscht man sich, sollen die Menschen über einen sagen, wenn man tot ist?*

Snower: *Wenn wir daran dächten, würden wir wahrscheinlich nicht so lange Dingen nachjagen, die am Ende gar keinen Wert haben. Und die vor allem von den eigenen Nachkommen nicht wertgeschätzt werden.*

WIR ERZIEHEN UNSERE KINDER ZUM UNGLÜCKLICH SEIN

Ricard: *Das alles hat eine Wurzel, und das ist die Unwissenheit. Sie ist der Grund für das Leiden. Der Hauptgrund.*

Snower: *Und was ist Unwissenheit?*

Ricard: *Unwissenheit ist nicht nur ein Mangel an Informationen, sondern eine Verzerrung der Wirklichkeit, eine Art Selbsttäuschung. Wir suchen dort nach dem Glück, wo es nicht ist. Wir kehren ihm den Rücken und wenden uns den Dingen zu, die Leid verursachen – fast, als wären wir danach süchtig. Wir halten flüchtige Dinge für dauerhaft und trennen, was eigentlich wechselseitig verbunden ist. Wir glauben, dass es ein festes, einheitliches, letztes »Ich« gibt, wo eigentlich ein dynamischer Strom von Erfahrungen ist.*

Snower: *Ich wünschte, ich wüsste mehr über Meditation. Aber ich nehme an, wenn man sich zu etwas zwingen will, geht es sicher schief. Vielleicht müssen wir uns daher so akzeptieren, wie wir sind, und erkennen, woher unsere Gedanken kommen. Das gibt uns dann ein Gefühl der Selbstbefähigung. Wir sollten ernsthaft versuchen, das auf Gesellschaftsebene umzusetzen.*

Ricard: *Ja, und wir sollten eine Bildung fördern, die grundlegende menschliche Werte und Eigenschaften einschließt und sich nicht nur auf Wissenserwerb und Problemlösung konzentriert. Die verschiedenen Weltbilder der Menschen hängen sehr stark davon ab, was ihnen in der Kindheit beigebracht wurde. Wenn wir also die Kinder nicht mehr zum Hyper-Individualismus ermutigten, wenn die Bildung den jungen Leuten auch zeigen würde, wie sie im Leben nicht nur durch materielle Leistungen, sondern auf andere Weise Wohlbefinden erlangen können, hätten wir viel Gutes erreicht. Aber die Leute haben nicht den Mut, den Kindern beispielsweise zu sagen, dass sie ein Gefühl der Zufriedenheit kultivieren und nicht immer nach mehr verlangen sollten. Wir sollten sie durch kooperatives Lernen erziehen, durch die Beobachtung der Natur und ihrer Vorgänge, durch die Kultivierung von Empathie, Freundlichkeit und die Sorge um ihre Mitmenschen. Warum nicht? Was wäre daran falsch? Wir alle wollen, dass unsere Kinder ein gutes Leben führen, und das wäre doch besser für sie als ein Dasein als ständig unzufriedene Geldscheffler.*

Snower: *Wer könnte etwas dagegen haben? Warum sollte man die Kinder lehren, wie man unzufrieden ist?*

Ricard: *Es geht anscheinend nur sehr schwer in die Köpfe der Menschen, dass wir so viele unnötige Dinge überhaupt nicht brauchen. Verzicht bedeutet nicht, dass wir das Gute im Leben aufgeben. Verzicht bedeutet, die Abhängigkeit von Dingen aufzugeben, die unsere ganze Zeit in Anspruch nehmen und uns dennoch nicht glücklich machen. Warum will man ausgerechnet von den Ursachen abhängig sein, die einen ständig quälen? Das ist ein großes Rätsel.*

Snower: *Wenn man in einem System gefangen ist, das sich nur auf Status-Streben konzentriert, dann sagt man seinem Kind, man tue das alles, damit es am Ende oben steht und nicht unten. Wenn man in diesem System gefangen ist.*

Ricard: *Da fällt mir der Psychologe ein, der eine ganze Reihe Leute befragte: »Wen bewundern Sie mehr, den Dalai Lama oder Tom Cruise?« 80 Prozent sagten: »Den Dalai Lama.« Die nächste Frage lautete: »Und wer von beiden wären Sie gern, wenn Sie wählen könnten?« 70 Prozent antworteten: »Tom Cruise.«*

Snower (lacht auf): *Tom Cruise!*

Ricard: *Sie dachten vielleicht: Wenn ich erst einmal Tom Cruise bin, habe ich seine Schönheit und seinen Reichtum, und dann kann ich ja immer noch so ein guter Mensch werden wie der Dalai Lama. Aber wenn ich einmal der Dalai Lama bin, werde ich es danach wohl kaum noch zu tollem Aussehen und Reichtum bringen. (Beide lachen.)*

Es gibt hier also ebenso eine kognitive Dissonanz wie bei den Nachrufen – einen Konflikt zwischen unseren Idealen und unseren spontanen Einfällen und Taten. Genau aus diesem Grund brauchen wir Weisheit.

Bundeskanzlerin Angela Merkel
und Dennis Snower beim Global
Solutions Summit 2019.

DIE IDEEN SIND LÄNGST DA – LÖSUNGSANSÄTZE

BILDUNG

Snower: *Im Westen ist ja Folgendes interessant: Wenn man sagt, man übe sich in Mitgefühl, antworten die Leute sofort: »Oh, aber Sie manipulieren dadurch die Persönlichkeit.« Wenn man aber sagt: »Ich übe, um ein Pianist zu werden«, dann scheint das keinerlei Problem zu sein.*

Ricard: *Dann dürfte aber auch niemand Lesen und Schreiben lernen, weil dadurch die angeborene Unwissenheit sehr stark manipuliert wird. Wozu schickt man die Kinder überhaupt 15 Jahre in die Schule? Warum überlässt man sie nicht einfach sich selbst und lässt sie tun, was sie wollen, ohne ihnen irgendetwas beizubringen?*

Snower: *Ich hatte einmal ein interessantes Gespräch im deutschen Kanzleramt über die Kontrolle von Emotionen. Damals sagte ich, man sei ein Sklave seiner Gefühle, wenn man seine Gefühle nicht einordnen könne. Wenn man nicht weiß, was man fühlt, wovon man getrieben wird, sei man Opfer der eigenen Gefühle. Ich erntete vollkommene Zustimmung. Daraufhin fragte ich: »Wäre es nicht gut, die Regulierung der eigenen Gefühle in der Schule zu unterrichten?« Sie antworteten: »Nein! Unter keinen Umständen! Jeder hat die Freiheit, alles zu fühlen, was er will, und wir wollen doch keine Zombies!«*

Ricard: *Weil sie es mit einer Manipulation der Kinder gleichsetzen. Mir scheint aber, dass Kinder, die Sklaven ihrer Gefühlsausbrüche sind, mehr wie Zombies wirken als Kinder, die ihre Gefühle in gewissem Maß kennen und beherrschen und somit größere innere Freiheit genießen. Der bekannte US-amerikanische Bildungsexperte Marc Greenberg fand heraus, dass in der Schule die meisten Konflikte dadurch entstehen, dass Kinder die Gefühle der anderen nicht richtig deuten können. Was nicht zuletzt daran liegt, dass sie schon ihre eigenen Gefühle nicht klar erkennen. Wenn man ein Gefühl falsch interpretiert, reagiert man unangemessen – aber doch nur, weil man es mit einem anderen Gefühl verwechselt. Sobald die Kinder lernten, ihre eigenen Gefühle klar zu identifizieren, reagierten sie wesentlich angemessener auf andere. Das Konfliktniveau sank beträchtlich.*

Snower: *Wir sind also ein wenig argwöhnisch, was Gefühle angeht. Ich glaube, das ist ein Resultat der Aufklärung, in der wir uns als vernunftbegabte Wesen definierten und die Gefühle ignorierten. Also kümmern wir uns nicht um Dinge, von denen wir nichts verstehen. Wenn wir sie aber verstehen, dann werden sie zu etwas, das wir üben können. Wir könnten sie dann aktiv entwickeln.*

Ricard: *Das Feld der Neurowissenschaften der Emotionen hat zwar in den vergangenen 20 Jahren stark an Bedeutung gewonnen, wird aber von manchen immer noch als eher »weiche« Wissenschaft angesehen. Die Leute sagen: »Das sind doch nur Gefühle, Sie wissen schon.« Dabei wird alles von den Gefühlen bestimmt! Jede Entscheidung, jede Reaktion auf andere. Die Eigenschaften unserer Erfahrungen füllen Augenblick für Augenblick unsere geistige Landkarte aus.*

Wenn Sie aber nicht wissen, wie Sie konstruktiv mit Gefühlen umgehen können, ist das sowohl für Sie selbst als auch für andere oft sehr unangenehm. Ihr eigener Geist ist dann nicht mehr Ihr bester Freund, sondern kann zu Ihrem ärgsten Feind werden. Und darin liegt das Drama.

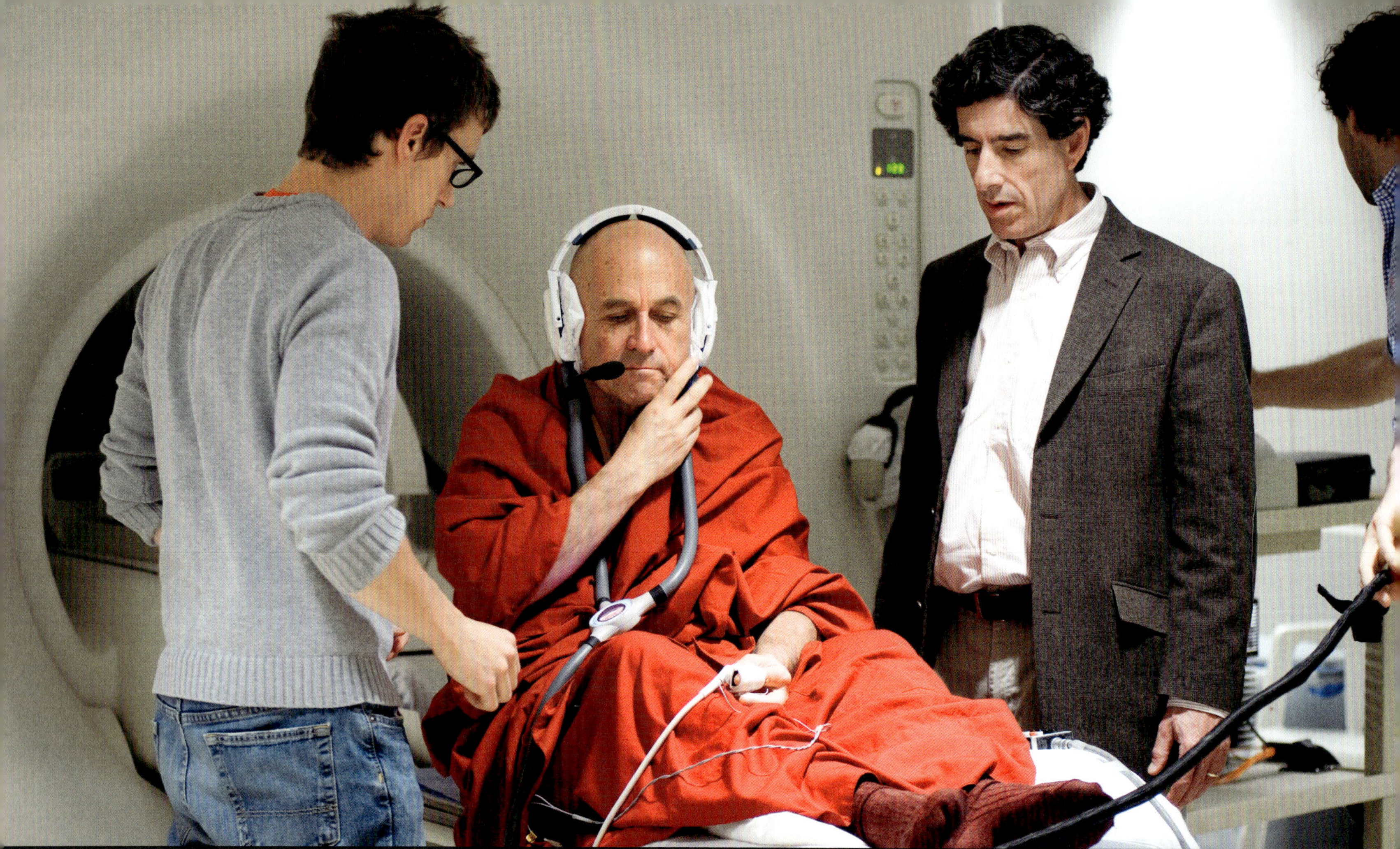

-TALKING TO PATIENT

»Neuroplastizität«

DAS AM BESTEN VERMESSENE GEHIRN DER WELT

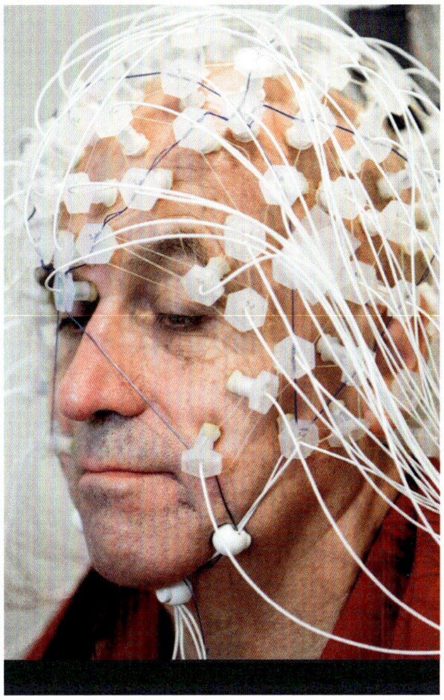

Matthieu Ricard: Seit 2008 nehme ich an verschiedenen neurowissenschaftlichen Forschungsprojekten teil mit den beiden Pionieren auf diesem Gebiet, Richard Davidson und Francisco Varela. Ihre Forschungen zeigen im Grunde, dass wir einige unserer fundamentalen menschlichen Eigenschaften wie Uneigennützigkeit, inneren Frieden und emotionale Ausgeglichenheit trainieren können, ähnlich wie andere Fähigkeiten. Die Kombination dieser verschiedenen Eigenschaften ergibt zusammen das, was wir als »Zufriedenheit« bezeichnen dürfen, und zwar nicht nur als ein angenehmes Gefühl, sondern als einen Zustand des Seins. Die Neurowissenschaft konnte das anhand der Plastizität des Gehirns zeigen.

Manchmal spüren Meditierende selbst, dass durch die Meditation eine Veränderung mit ihnen geschieht. Die regelmäßige Wiederholung von Funktionsänderungen im Gehirn – Veränderungen, die zum Beispiel in dem Augenblick geschehen, wenn Sie Ihre Aufmerksamkeit konzentrieren oder Mitleid fühlen – bringt im Lauf der Zeit Strukturen hervor, bleibende Veränderungen im Gehirn. Genau darum geht es im Kern bei der Neuroplastizität.

Vor 20, 30 Jahren dachte man noch, dass sich das Gehirn im Erwachsenenalter nicht mehr verändert. Würde man versuchen, es zu verändern, entstünde ein großer Schaden. Doch es stellte sich heraus, dass das vollkommen falsch war.

Wir formen unser Gehirn andauernd um – zum Guten oder zum Schlechten. Wir können uns antrainieren, sinnlos zu morden, indem wir unsere Empathie unterdrücken, oder wir können sie ausbilden und so zu sehr einfühlsamen Menschen werden.

Francisco Varela, Richard Davidson, Antoine Lutz und Tania Singer (um nur ein paar der Personen zu nennen, mit denen ich eng zusammenarbeite) führen seit 20 Jahren solche Forschungen durch – und es wurde ganz klar in zahlreichen Studien gezeigt, dass jede Art der Meditation, jede Art des Geistestrainings eine spezifische Signatur im Gehirn hinterlässt. Wenn Sie Mitgefühl oder Konzentration üben, aktivieren Sie dabei keineswegs dieselben neuronalen Netze.

Das Interessanteste, was alle diese Forschungen zeigen, ist aber, dass alle diese Fähigkeiten erlernbar sind – ebenso wie alles andere. Ich meine, es ist wunderbar, wenn man Klavier spielen kann, aber es ist nicht lebensnotwendig. Man muss kein großartiger Pianist sein, man kann auch andere tolle Dinge tun. Man kann aber nicht gut leben, wenn man ein gemeiner, gedankenloser, unzufriedener, wütender und fehlgeleiteter Mensch ist. So verpasst man die Gelegenheit für ein erfülltes, menschliches Leben.

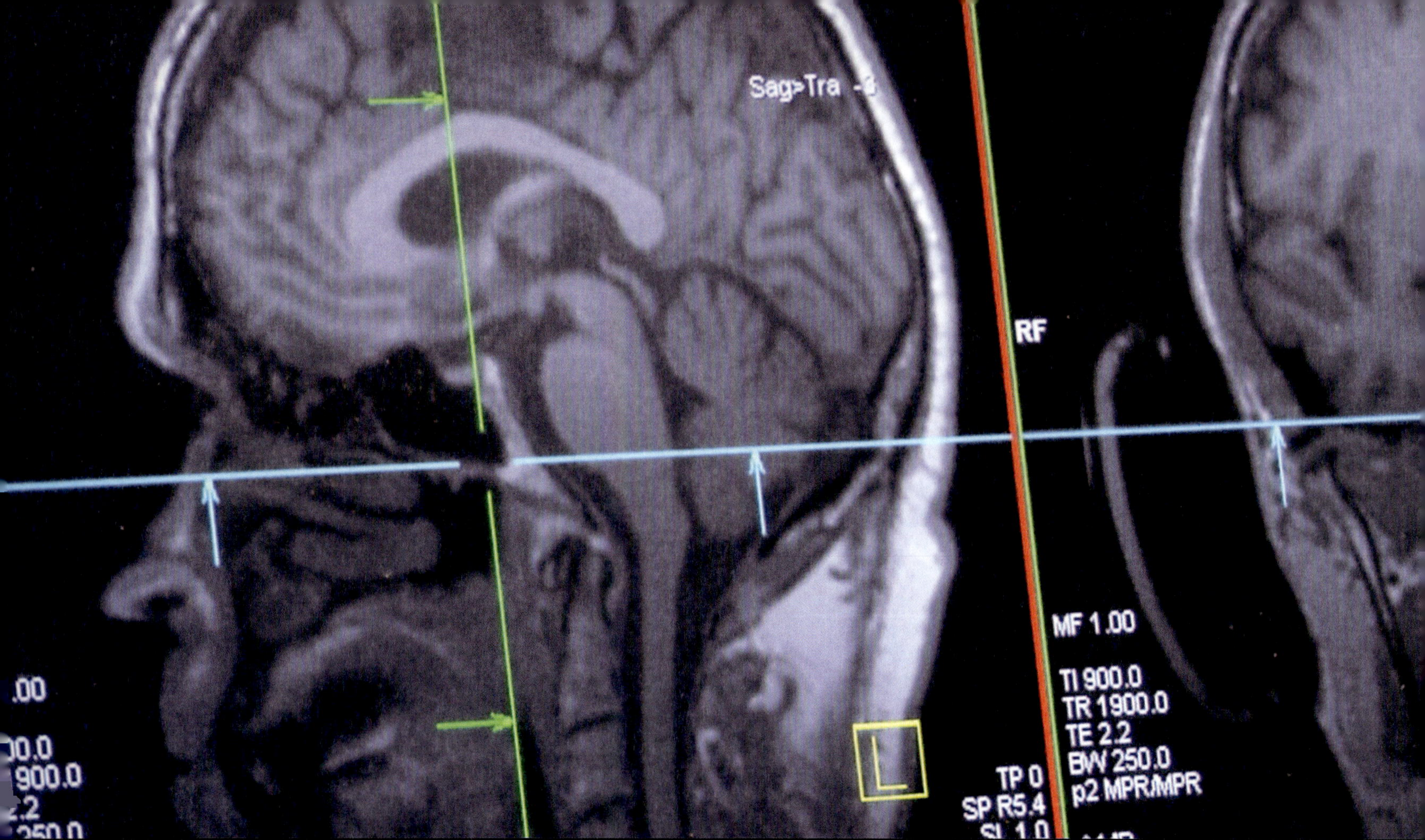

Aufnahmen von Matthieu Ricard während einer Untersuchungsreihe von Dr. Richard Davidson an der Universität von Wisconsin-Madison, USA.

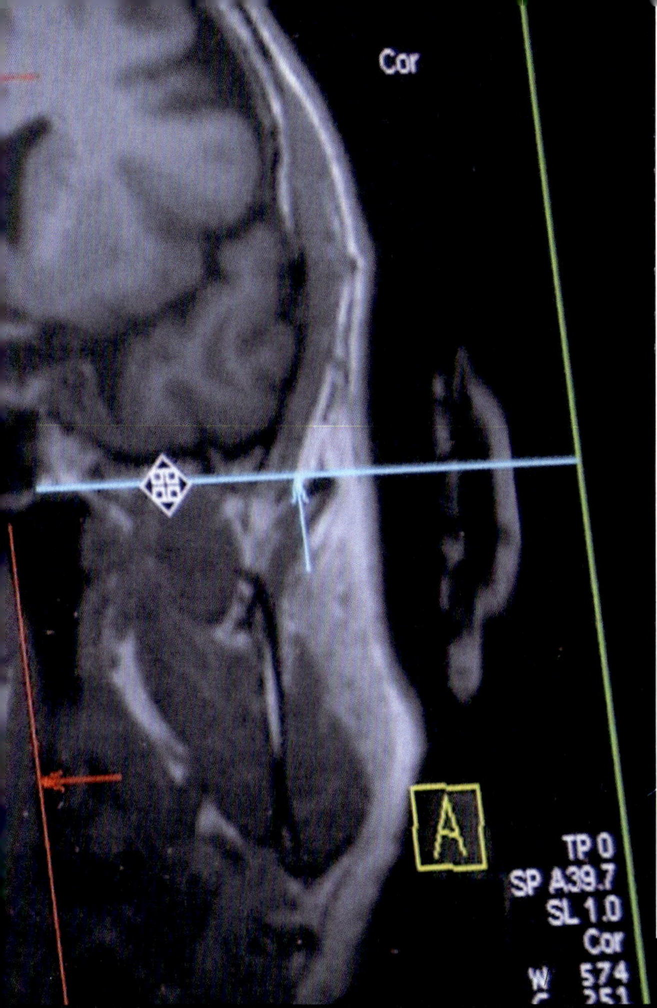
Cor
A
TP 0
SP A39.7
SL 1.0
Cor
W 574

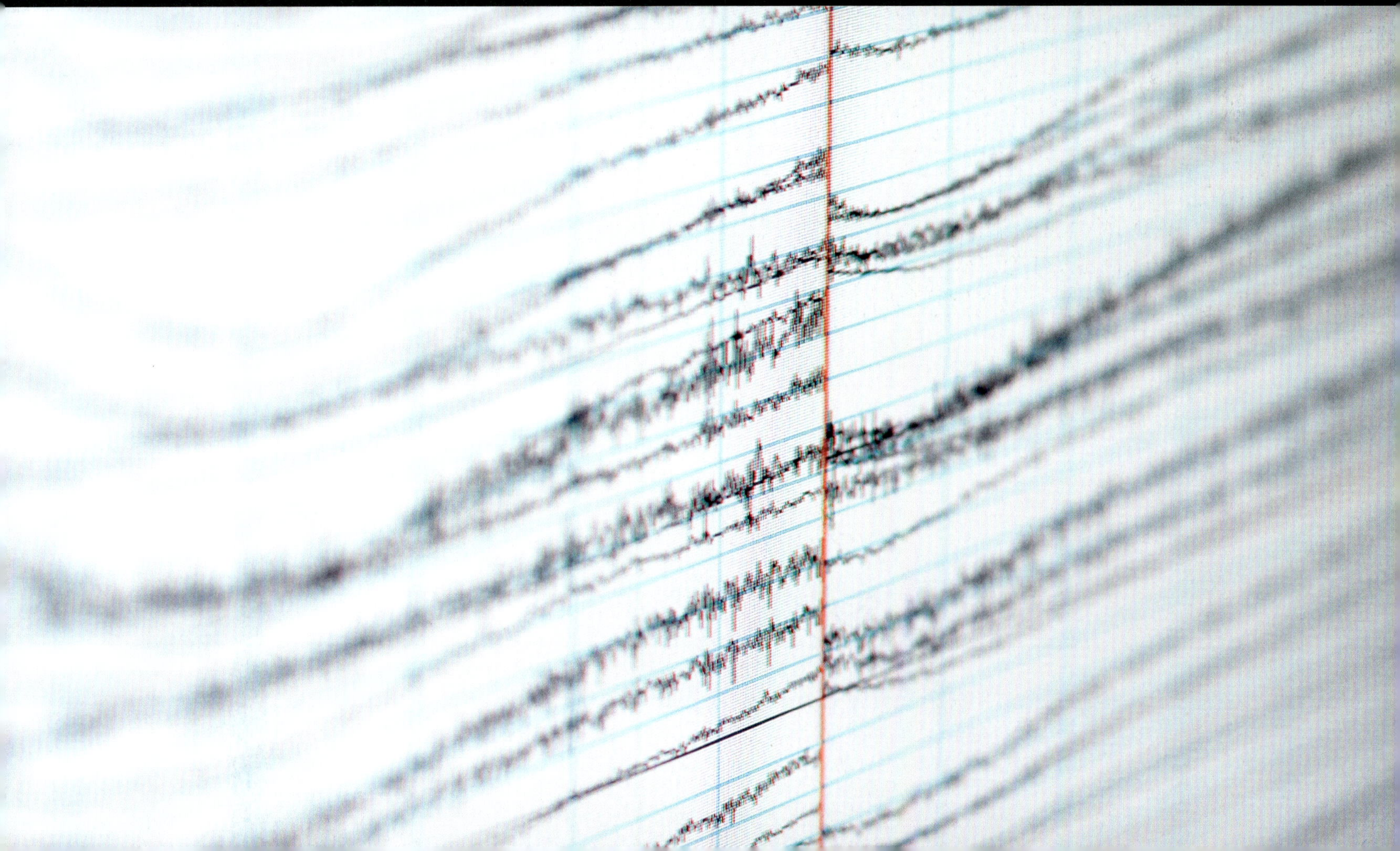

Institut für Weltwirtschaft in Kiel, dessen Präsident Dennis Snower bis 2019 war.

Snower: *Das klingt alles unbestreitbar richtig, es könnte in der Schule unterrichtet werden. Meiner Ansicht nach wäre es wirklich wichtig, dass Kinder in einem System aufwachsen, bei dem im Kopf die Alarmglocken läuten, wenn sie Sätze hören wie »Amerika zuerst!«, »Baut eine Mauer!« oder »Ausländer raus!«. Sie sollten sofort erkennen: »Ah, das ist ja genau das Gegenteil von dem, was wir brauchen.« Doch kaum jemand in der westlichen Welt wird so ausgebildet. Kaum jemand weiß, welche Narrative die Kooperation fördern und welche zu Konflikten führen. Und deshalb sollte die Bedeutung der Kooperation für die Lösung wichtiger Probleme, die alle Gesellschaften betreffen, in den Lehrplan aufgenommen werden. Also, was wäre, wenn wir die Menschen darüber aufklären würden, dass die Zufriedenheit, die sie aus materiellen Dingen gewinnen, extrem überschätzt wird?*

Ricard: *Ich war einmal mit dem Dalai Lama in Montreal. Dort trafen wir eine Gruppe von 300 Lehrern, die alle die Idee akzeptierten, dass grundlegende menschliche Werte in den Lehrplan aufgenommen werden können, ganz unabhängig von irgendeinem religiösen Glauben. Denn wenn wir sagen, dass Mitgefühl, Vertrauen, Großzügigkeit und emotionale Ausgeglichenheit nur etwas für religiöse Menschen sind, dann versagen wir uns ja die grundlegendsten menschlichen Eigenschaften, die jedes fühlende Wesen entwickeln muss, um ein gutes Leben zu führen.*

Snower: *In Schleswig-Holstein, dem Bundesland, in dem das Institut für Weltwirtschaft in Kiel angesiedelt ist, besuchten einer meiner Kollegen und ich den Kultusminister und fragten: »Wäre es möglich, den Schulkindern nicht nur Achtsamkeit, sondern auch Meditations-Techniken zur Gefühlsregulierung beizubringen?« Nach etwa einem Jahr der Verhandlungen wurde dies in die Praxis umgesetzt. Es gibt also eine Offenheit dafür. Und der Gedanke, dass Meditation das geeignete Instrument dafür ist, setzt sich ebenfalls immer stärker durch.*

Ricard: *In England praktizieren schon zehn Prozent der Schulen Meditation in irgendeiner Form. Ebenso haben zehn Prozent der Schulen eine sogenannte »Werte-basierte Bildung«, das heißt, sie vermitteln zusätzlich zum normalen Lehrplan fundamentale Werte wie Freundlichkeit und Ehrlichkeit. Auch in den Niederlanden geht das los, von dort kommt das Buch »Stillsitzen wie ein Frosch« von Eline Snel. Es zeigt den Lehrern, wie sie den Kindern Meditation beibringen können, natürlich ohne jeden religiösen Hintergrund. Es geht nicht nur um Aufmerksamkeit, sondern auch um Sozialverhalten.*

Vielleicht muss man es ja nur geschickt verkaufen. Wenn Sie in einer Schule um finanzielle Mittel für Meditationen bitten, ist die Reaktion vielleicht sehr zurückhaltend. Aber wenn Sie sagen: »Hallo, wir haben eine Übung, mit der Ihre Kinder lernen, still zu sitzen, aufmerksam und emotional ausgeglichener zu sein und ein besseres soziales Verhalten zu entwickeln«, – wer würde da nicht aufspringen und rufen: »Ja klar, genau das brauchen wir!«

DIE INSTITUTIONEN

Snower: Ich finde, dass unser Individualismus zum Beispiel durch das Rechtssystem institutionalisiert wird. Philip Zimbardo hat das Buch Der Luzifer-Effekt geschrieben. Wenn grausame Verbrechen verübt werden, wie beispielsweise im Gefängnis von Abu Ghraib, dann bestraft man einige wenige Personen, die die Verbrechen begangen haben. Aber die Menschen, die die Gefängnisse einrichteten und die Regeln aufstellten, werden nicht zur Verantwortung gezogen.

Ricard: Über Abu Ghraib meinte George Bush Jr. damals: »Das sind nur ein paar schwarze Schafe.« Doch der Psychologe Zimbardo sagt: »Nein, der ganze Stall ist schwarz.«

Und das Gleiche gilt für Burnout-Fälle in Unternehmen: Viel zu viele Leute geben sich alleine die Schuld, dabei ist in Wirklichkeit das System dysfunktional und treibt die Menschen in die emotionale Erschöpfung.

Snower: Welchen Weg sollen wir also gehen? Müssen wir als Erstes die Institutionen ändern?

Ricard: Die Gesellschaft besteht ja aus lauter Individuen. Wenn man ein schönes Blumenbeet anlegen möchte, kann man nicht sagen: »Ach, es macht doch nichts, wenn ein paar Blumen nicht frisch sind. Wenn ich nur insgesamt genug einsetze, sieht das ganze Beet trotzdem gut aus.« Nur wenn jede einzelne Blume frisch und schön ist, wird das gesamte Beet ebenfalls wunderschön.

Wenn sich also ein Individuum nach dem anderen verändert, wenn sich immer mehr von ihnen von dem geistigen Gift befreien, wenn sie weniger egozentrisch und offener für die Welt und die anderen Menschen werden, dann erreichen diese Individuen eine kritische Masse in der Gesellschaft: Sie erreichen einen Kipppunkt, an dem sich zuerst die Kultur und anschließend die Institutionen verändern. Auch sie gewinnen dann mehr Einsichten, sie gewinnen mehr Weisheit und werden offener. Individuen und die Kultur schleifen sich gegenseitig wie zwei Klingen.

Snower: In meinem Fachgebiet würde diese Denkweise alles verändern. Ein Gesetz der Wirtschaft besagt: Man muss, zumindest methodisch, jedes Individuum als separate Einheit behandeln, die von allen anderen völlig unabhängig ist.

Wenn wir aber begreifen, dass wir alle voneinander abhängig sind und dass meine Individualität vom Austausch mit allen anderen abhängt – dann wäre das wirklich eine bedeutende Erkenntnis.

DIE WIRTSCHAFT

Snower: *Das Problem an unserem Wirtschaftssystem ist ja nach meiner Einschätzung, dass beim Vorgang des Warenaustausches Reichtum angesammelt wird – und diejenigen, die zufällig mehr davon angesammelt haben, versuchen dann naturgemäß, das politische System, die Medien und die Institutionen so zu nutzen, dass ihre Position gestärkt wird. Und dadurch wird der Wettbewerb destruktiv.*

Ricard: *So, wie Jeff Bezos, der die Idee hatte, Bücher und andere Dinge per Internet zu verkaufen. Warum nicht? Eine gute Idee. Aber dass eine einzige gute Idee ihn zur reichsten Person der Welt macht, mit einem Vermögen von mehr als 100 Milliarden Dollar, das er nicht braucht – wer braucht schon solch gigantische Mengen Geld? – und das er kaum für gute Zwecke einsetzt, zeigt, dass in diesem System etwas schief läuft.*

In einem gesunden Wirtschaftssystem dürfte nicht so viel Wohlstand in den Geldschränken von so wenigen Personen landen. Es herrscht eine ungeheure Diskrepanz zwischen einer guten Idee und der Aneignung eines so großen Anteils am Weltvermögen. Es ist unglaublich, dass 2019 laut Oxfam 26 einzelne Personen zusammen so viel verdient haben, wie 50 Prozent der ärmsten Menschen der ganzen Welt. Sie sind aber nicht eine Million Mal klüger oder besser als der Durchschnitt, sondern sie profitieren nur von einem dysfunktionalen System.

Snower: *Wir müssen einsehen, dass das kapitalistische System überwacht und im Zaum gehalten werden muss. Weil es in sich instabil ist, indem es die Ansammlung von Reichtum im Norden begünstigt.*

Ricard: *Was sagt uns das also? Der Ökonom Thomas Piketty wird sagen: Besteuert sie mit 98 Prozent.*

Snower: *Das könnte man natürlich tun. Aber was noch? Was ist in diesem System so stark, dass es zu dieser total ungesunden Situation geführt hat?*

UMVERTEILUNG VON REICHTUM UND BILDUNG

Snower: *Ich glaube, ein Fehler liegt darin, dass wir so tun, als sei die Wirtschaft das Gleiche wie die Natur. So, wie es Bäume und Berge gibt, betrachten wir die Wirtschaft als etwas, das wir einfach hinnehmen müssen. Wir haben vergessen, dass die Wirtschaft dazu da ist, dem Wohl der Menschen zu dienen. Sie ist unsere Schöpfung und wir sind es, die sie verändern müssen. Aber was sollen wir tun? Ich persönlich denke, dass Piketty sich irrt!*

Ricard (lacht): *Nein, nein – ich denke, er hat recht!*

Snower: *Steuern und Transferleistungen sind eine Ausgleichsmethode, die den Menschen ihre Handlungsfähigkeit nimmt. Ich nehme Geld von den Reichen und* *gebe es den Armen. Das geht ganz leicht. Aber wo bleibt die Selbstbefähigung der Armen, wenn sie einfach nur Almosen vom Staat erhalten?*

Wäre es nicht besser, die Entscheidungsmacht neu zu verteilen? Jeff Bezos hat extrem viel Entscheidungsmacht, weil er eine Unmenge an Menschen und Dingen in der Welt bewegen kann. Dafür haben die Menschen, die in seinen Fabriken arbeiten, fast gar keine Entscheidungsmacht. Angenommen, wir hätten eine Sozialphilosophie, bei der es darum ginge, die Entscheidungsmacht auszugleichen ...

Ricard: *Also brauchen wir keine Umverteilung des Wohlstands?*

Snower: *Nun, vielleicht muss man ihn umverteilen. Aber ich halte diese Umverteilung für unbedeutend im Vergleich zur Umverteilung der Anreize zur Aufnahme einer Arbeit. Anreize für den Erwerb von Fähigkeiten. Man sollte die Menschen mit den geringsten Fähigkeiten suchen und ihnen immer mehr Gelegenheiten geben, damit ihre Selbstbefähigung, ihre Entscheidungsmacht wächst.*

Ricard: *Durch die Verwendung künstlicher Intelligenz könnten aber noch viel mehr Menschen ihre Arbeit verlieren und sich noch mehr Wohlstand in den Händen einiger weniger Personen ansammeln.*

Snower: *Schon möglich, aber wenn wir ein System haben, das den Leuten mit wenig Entscheidungsmacht automatisch Gelegenheiten verschafft ...*

Ricard: *Aber Aus- und Weiterbildung kosten Geld. Also, wie kann man ohne irgendeine Form der Umverteilung den Menschen mehr Selbstverantwortung und Entscheidungsmacht übertragen, wenn der Wohlstand an der Spitze hängenbleibt, weil das System es erlaubt? Diese Multimilliardäre sind nicht hundertmal intelligenter oder hundertmal fähiger. Sie haben nur mit dem vorherrschenden System gespielt, das eine derart unkontrollierte Anhäufung ermöglicht.*

Snower: *Ja, man braucht Ressourcen, aber man muss nicht unbedingt Geld umverteilen. Wir können Anreize umverteilen.*

»Empowerment«

Der Begriff geht auf Julian Rappaport zurück, einen US-amerikanischen Psychologen und Sozialwissenschaftler, der in den 1980er-Jahren zur gesellschaftlichen Ungleichheit forschte. Ein häufig zitierter Satz von Rappaport lautet: »Rechte zu haben, aber über keine Mittel und Leistungen zu verfügen, ist ein grausamer Scherz.«

Ricard: *Aber braucht man kein Geld, um die Leute zu schulen?*

Snower: *Doch, natürlich. Es erfordert Geld, und das wird wiederum eine Neuverteilung notwendig machen.*

Ricard: *Es wird immer noch einen klugen Kopf geben, der eine Idee hat – vielleicht ganz zufällig, oder? Und dann wird er wieder 10 000-mal reicher als alle anderen ...*

Snower: *Natürlich müssen diese Leute besteuert werden. Aber danach muss man meiner Ansicht nach mehr Bildungsmöglichkeiten anbieten, mehr Möglichkeiten zur Umschulung für alles und alle. Und vielleicht muss man den Menschen zusätzlich noch andere Möglichkeiten geben, persönliche Erfüllung zu finden – über die materiellen Dinge hinaus.*

Ricard: *Ja, das steht auf jeden Fall fest. Ich erinnere mich auch an etwas, das Ricardo Semler sagte, ein Unternehmer aus Brasilien, der ein Milliardär hätte werden können, aber seine Einnahmen schon die ganze Zeit verteilte, zum Beispiel um Schulen einzurichten. Als er nach einem der großzügigen Milliardäre gefragt wurde, die nun »der Gesellschaft etwas zurückgeben«, antwortete er: »Wenn jemand etwas zurückgeben muss, bedeutet das, dass er sich von Anfang an zu viel genommen hat.«*

»ICH HOFFE WIRKLICH, DASS EINE REGULIERUNG, DIE DAS **VERANTWORTUNGS- UND ZUGEHÖRIGKEITSGEFÜHL** DER MENSCHEN ACHTET, UNSERE ZUKUNFT SEIN WIRD.«

GEMEINGÜTER-VERWALTUNG – EIN VOLLSTÄNDIG IGNORIERTER NOBELPREIS

Snower: *Die vernünftigste Art der Regulierung, die ich kenne, ging sicher aus den Forschungen von Elinor Ostrom hervor.*

Ricard: *Oh, ja!*

Snower: *Sie fragte: »Wie kommt es, dass manche Menschen ihre Gemeingüter so gut miteinander verwalten?« Und die Antwort findet sich in ihren acht Grundregeln wieder: Sie haben eine klare Gruppenbegrenzung mit eindeutiger sozialer Identität. Innerhalb dieser Gruppe haben alle ein Mitspracherecht bei den Regeln, nach denen sie leben. Der Umgang mit den Allgemeingütern wird überprüft und es gibt abgestufte Sanktionen fürs Trittbrettfahren. Außerdem sind die Gruppen so verschachtelt, dass ihre Ziele nicht miteinander in Konflikt geraten.*

Und das bedeutet Empowerment für die Leute. Es gibt ihnen ein Gefühl der Zugehörigkeit und versetzt sie in die Lage, bei der Verwaltung der Gemeingüter zusammenzuarbeiten. Öffentliches Eigentum könnte man ja genauso verwalten. Und ich glaube, wenn die Politiker diesen Gedanken ernst nähmen, würde er die Regierungspolitik sehr stark beeinflussen. Und die Menschen auf jeder Ebene hätten ein Mitspracherecht und würden sich verantwortlich fühlen – weil sie die Regeln mitbestimmen, denen sie sich selbst unterwerfen. Ich hoffe wirklich, dass diese Art der Regulierung, die das Verantwortungs- und Zugehörigkeitsgefühl der Menschen achtet, die Zukunft sein wird. Denn Ostrom hat ja eigentlich nur verschiedene Gemeinschaften untersucht, die ihre Gemeingüter längst selbst verwalteten ...

Ricard: *... und bei denen es gut funktionierte!*

Snower: *Und wie es funktionierte.*

Ricard: *Bei Menschen, die ihr Wasser, ihre Fische und ihre Anbauflächen gemeinsam nutzten.*

Snower: *Alle diese funktionierenden Gemeinschaften lassen sich mit Ostroms acht Grundregeln erklären. Aber die Regierungen ignorieren das! Warum? Ostrom erhielt den Nobelpreis dafür! Dennoch hat sie bisher kaum Einfluss auf die Regierungspolitik und die Wirtschaft.*

Ricard: *Das ist schade!*

Snower: *Ja, sehr schade. Aber wenn Sie fragen, ob wir wissen, wohin wir gehen sollten: Ich finde, es gibt da draußen schon sehr viele Ideen.*

DIE ZUKUNFT

Ricard: *Aber solange es nur so wenige Leute gibt, die die Bedeutung von Uneigennützigkeit und Kooperation hervorheben, ist es manchmal ganz schön entmutigend. Sie sind wie Prediger in der Wüste. Immerhin fiel mir im Verlauf der letzten 20 Jahre auf, dass inzwischen aus allen möglichen Fachbereichen – von Psychologen, Ökonomen, Sozialarbeitern, Ökologen und so weiter – die Überzeugung zu hören ist, dass Uneigennützigkeit die Lösung für die Probleme unserer Zeit darstellt.*

Es gibt ja in Großbritannien sogar schon eine Gruppe von Politikern, die meditieren. Es sind wohl etwa 100 aus dem Unterhaus, glaube ich, und sie gaben nach einem Jahr sogar eine Studie in Auftrag, die die Wirkung auswerten soll. Wenn man sich allerdings ansieht, was rund um den Brexit so passiert ist, hätten sie vielleicht etwas mehr meditieren sollen!

Snower (grinst): *Ja, unbedingt. Vielleicht hätten sie früher anfangen sollen.*

Ricard: *Ja, ein bisschen früher wäre auch nicht schlecht gewesen. Aber das Gleiche passiert in Frankreich. Und in den USA hat ein Politiker, der Demokrat Tim Ryan, ein Buch mit dem Titel »A Mindful Nation« geschrieben.*

Snower: *Ja, ich habe das gelesen. Nun, da immer mehr Menschen im Westen die Bedeutung der Achtsamkeit und der Meditation begreifen, erscheint mir das Ziel, beides in die Schulen zu bringen und auch in den Lehrplan aufzunehmen, tatsächlich realistisch.*

Wissen Sie, in meinen Ratschlägen an die deutsche Regierung sage ich immer: Warum machen wir die Meditation – einerseits wegen der Achtsamkeit, aber andererseits auch wegen ...

Ricard: *... des Sozialverhaltens ...*

Snower: *... ja, wegen des Sozialverhaltens – warum machen wir sie nicht ebenso zu einem Teil des Lehrplans wie das Lesen und Schreiben?*

Ricard: *Das wäre großartig.*

Snower: *Die Fähigkeit, lesen und schreiben zu können, befähigte die Menschheit zu großen Fortschritten. Warum also sollten wir uns nicht als nächstes Ziel setzen, ein besseres Verständnis unserer Gefühle und mehr Kooperation miteinander zu erreichen?*

Ricard: *In einigen französischen Schulen beginnen die Lehrer schon mit ganz jungen Kindern über philosophische Vorstellungen zu diskutieren. Die Kinder lieben das. Diese Veränderung ist also gerade im Gange, auch wenn wir wünschten, dass sie nicht so langsam, sondern viel schneller gehen könnte. Aber es gibt sie, und gerade darum halte ich eine aufgeklärtere Bildung für extrem wichtig.*

AUFMERKSAMKEIT MACHT GLÜCKLICH

Snower: *Wenigstens lachen die Leute heute nicht mehr, wenn man Meditation als eine hilfreiche Methode vorschlägt.*

Ricard: *Ja, als etwas, das sehr viel Gutes bewirken kann. Dass sie eine »Lösung« ist, wäre wohl zu hoch gegriffen, aber sie ist ein wichtiger Bestandteil. Wahrscheinlich ist auch Geistestraining ein besserer Begriff als Meditation, weil viele Menschen ja denken, dass man mit zwei Räucherstäbchen links und rechts dasitzt und versucht, seinen Geist zu leeren. Geistestraining ist ein Muss. Eine absolut notwendige Disziplin für den Versuch, als guter Mensch und guter Bürger zu leben.*

Snower: *Und wer darüber nachdenkt, weiß ja, dass der Geist ständig wie wild von einer Sache zur anderen springt. Er ist mit Dingen beschäftigt, die oft kein bisschen nützlich sind.*

Ricard: *Oft sogar schädlich für unser Wohlbefinden und das Wohlergehen der anderen. Es gibt eine Studie von Daniel Gilbert, die zeigt, dass unser Geist meist nicht auf das konzentriert ist, was wir gerade tun. Und genau in diesen Zeitabschnitten sind wir unzufriedener als wenn wir aufmerksam bei der Sache sind. Wir fühlen uns nicht gut, wenn unser Geist abgelenkt ist – das zeigt diese Studie. Dennoch sollten wir uns nicht so angespannt und obsessiv an den Gedanken klammern, dass wir immer hundertprozentig aufmerksam sein müssen. Die aufmerksame Geistesgegenwart sollte eine ganz natürliche Fähigkeit sein, die wir kultivieren und die dann irgendwann von allein kommt. Wissen Sie, wenn wir das Radfahren lernen, sind wir anfangs auch sehr angespannt und fürchten jeden Augenblick, dass wir hinfallen – und manchmal passiert das auch.*

Aber sobald wir das Fahren beherrschen, denken wir nicht mehr darüber nach. Wir fahren freihändig oder blicken in den Himmel und singen und fallen trotzdem nicht hin. Nun könnten die Menschen erkennen, dass sich die Aufmerksamkeit auf genau die gleiche Weise trainieren lässt – so, wie wir Lesen und Schreiben lernen. Das wäre ein immenser Vorteil. Denken Sie daran, was der Begründer der modernen Psychologie, William James, darüber sagte: »Eine Bildung, die diese Fähigkeit verbessern würde, wäre die Bildung par excellence.«

Snower: *Ich denke, dass unsere Aufmerksamkeit immer stärker von äußeren Kräften in Beschlag genommen wird. Die Werbung wird immer übergriffiger. Wir haben kaum mehr Zeit, einen eigenen Gedanken zu fassen, weil wir ständig von außen bombardiert werden. Vor kurzem hörte ich, dass neuerdings sogar die Zeit genutzt wird, während der die Bankkarte im Kartenleser steckt. Während Sie darauf blicken, erscheint Werbung. Das ist wohl die neuste Erfindung für den Bildschirm.*

»KAUFEN SIE NICHT DIE SACHEN IN DIESEM SCHAUFENSTER!«

Snower: *Andererseits sehe ich in westlichen Städten aber nie Werbetafeln mit dem Text: »Kaufen Sie nicht so viel. Konsumieren Sie nicht den ganzen Tag. Gehen Sie nach Hause und spielen Sie mit Ihren Kindern.« Oder: »Kaufen Sie nicht die Sachen in diesem Schaufenster!«*

Ricar (lacht): *Ganz genau!*

Snower: *Solche Werbung sieht man nirgendwo.*

Ricard: *Vielleicht sollten wir es versuchen. Vielleicht sollten wir einen Partner suchen, der uns hilft, Plakate in der Pariser U-Bahn aufzuhängen: »Kaufen Sie nichts, was Sie nicht brauchen. Konsum macht nicht glücklich.« Oder: »Genießen Sie Freundschaft, Natur und das Gefühl, ein guter Mensch zu sein. Seien Sie zufrieden und kaufen Sie kein unnützes Zeug!« Es wäre doch interessant zu sehen, wie die Leute darauf reagieren. Vielleicht lachen sie erleichtert auf!*

Snower (grinst): *Angenommen, man macht das nicht nur zum Spaß, sondern ernsthaft.*

Ricard: *Natürlich. Ernsthaft.*

Snower: *Damit man wieder die richtige Balance im Leben findet. Von: »Sollten Sie nicht lieber die Beziehung zu Ihrer Familie verbessern?« bis hin zu: »Kaufen Sie weniger und konzentrieren Sie sich auf Ihre zwischenmenschlichen Beziehungen.«*

Ricard: *Das ist eine sehr gute Idee! Ich sehe schon Plakate in ganz Paris: »Trauen Sie keinem Menschen, der Ihnen Zeug andrehen will, das Sie nicht brauchen.« Es wäre sicher ein Riesenspaß, das zu machen.*

Snower: *Es gibt ja viele Wohltätigkeitsorganisationen, die nach Gelegenheiten suchen, den Menschen zu helfen: »Lassen Sie das Status-Streben. Machen Sie lieber was mit Ihren Freunden und Ihrer Familie.« Das wäre doch eine interessante Kampagne. Vielleicht sollten wir das wirklich machen. (Beide lachen.)*

Snower: *In welche Richtung sollte sich die Forschung von jetzt an entwickeln? Was meinen Sie?*

Ricard: *Ich finde es wichtig und gut, dass Sie das alles aus der wirtschaftlichen Perspektive heraus tun. Denn das größte Argument der Leute, die nichts von Ökonomie verstehen, lautet ja immer: »Nun, die Ökonomen sagen uns, dass wir zuerst die Produktion, den Konsum und das BIP steigern müssen. Wenn wir das tun, steigt auch das Wohlergehen der gesamten Bevölkerung« und so weiter. Oder: »Bald wird es eine technische Lösung für das Klima geben und wir schicken dann Geräte in den Weltraum, die die Sonneneinstrahlung blockieren.« Und so weiter und so fort. Aber natürlich wird es dann schon viel zu spät sein.*

Man spricht also oft über die Wirtschaft in einer Form wie: »Das ist die harte Wirklichkeit. Ihr anderen seid alle Träumer.« Aber wenn ein angesehener Wirtschaftswissenschaftler sich sehr klar und eindeutig äußert und versichert, dass es möglich ist – dann werden die Leute sagen: »Ah, ein Ökonom sagt das? Wow! Ich meine, vielleicht sollten wir ihm zuhören und uns das mal ansehen.«

Snower: *Wir befinden uns also hier in einer völlig neuen Welt, in der Wirtschaft und Sozialpsychologie und Anthropologie und Neurowissenschaft vereint werden. Und das wird ungeheure Auswirkungen auf die Wirtschaftspolitik haben. Daher sollte es für die Wirtschaftspolitik in Zukunft unmöglich sein, ein Gesetz oder eine Regulierung aufzustellen und einfach zu sagen: »Aus dem und dem Grund muss das so gemacht werden, es ist eine reine Frage der Vernunft.« Man muss sich dabei immer fragen: »Wie bringt man die Leute dazu, dieses Gesetz achten zu wollen? Wie macht man es ihnen leicht, der Regel zu folgen?« Das sind Fragen, die sich die Leute, die Gesetze und Regeln ausarbeiten, selten stellen.*

»ES IST EINE TATSACHE, DASS **SIEBEN MILLIARDEN MENSCHEN** SICH DIE MEISTE ZEIT ÜBER **ANSTÄNDIG** VERHALTEN. DAS IST SO SEHR DIE NORM, DASS DIE ABENDNACHRICHTEN NIEMALS DARÜBER BERICHTEN.«

DIE BANALITÄT DES GUTEN

Ricard: *Und sie sollten auch mal ihr sehr reduktionistisches Menschenbild aufgeben, das besagt, dass wir hauptsächlich durch rein egoistische Interessen angetrieben werden. Das ist falsch. Oder dass Menschen immer rationale Entscheidungen treffen. Das ist genauso falsch.*

Ich meine, es gab ja diese MRI-Untersuchungen an Personen, die riskante Investitionen tätigten. Sie zeigen, dass dabei die Bereiche im Gehirn hyperaktiv sind, die mit emotionalen Reaktionen zu tun haben, und nicht die Bereiche, die für vernünftige Abwägungen zuständig sind. Beim Weltwirtschaftsforum in Davos erklärte unsere gemeinsame Bekannte Tania Singer in ihrem Vortrag, dass Vorlieben keineswegs unveränderlich sind, wie Ökonomen behaupten, sondern dass sie sehr stark von aktuellen Emotionen, der Umgebung, dem Kontext und vielen weiteren Faktoren beeinflusst werden.

Snower: *So haben wir uns doch damals kennengelernt. Ich suchte Tania Singer nach ihrem Vortrag auf und dort begegnete ich Ihnen, wissen Sie noch?*

Ricard: *Ach ja, richtig! Und dann war da noch ein Wirtschaftswissenschaftler, der den Nobelpreis erhalten hatte und in der ersten Reihe saß. Er kam später auch zu Tania Singer und sagte: »Wenn das alles wahr ist, dann muss die gesamte Grundlage der Wirtschaftswissenschaften revidiert werden!« Dabei ist es ja schon erstaunlich, dass es so lange dauert, etablierte Ansichten zu verändern, obwohl die experimentelle Wissenschaft sie nachweislich widerlegt hat.*

Mir gefällt auch das Konzept der »Banalität des Guten«. Es ist doch eine Tatsache, dass die meisten der sieben Milliarden Menschen sich die meiste Zeit über anständig verhalten. Das ist eine Tatsache. Es ist sogar so sehr die Norm, das es uns gar nicht mehr auffällt. Und genau deshalb ist es eigentlich so beruhigend, dass wir unnormalem, abweichendem und barbarischem Verhalten so viel Aufmerksamkeit schenken – gerade weil wir es nicht für normal halten.

Wenn es die Norm wäre, dass wir uns gegenseitig Schaden zufügen, würden die Abendnachrichten ja nicht darüber berichten. Wir würden sagen: »Tja, so ist eben die menschliche Natur. Warum sollte es eine Nachricht wert sein?«

Snower: *Deshalb denke ich ja, dass das Begreifen der gegenseitigen Abhängigkeit aller Menschen die Einsicht in genau diese Tatsache fördern wird: Unser Sinn für Anstand und Güte ergibt sich aus der intuitiven Erkenntnis, dass es für jeden von uns gut ist, wenn wir miteinander anständig und fürsorglich umgehen.*

Ricard: *Ich wünsche Ihnen also von Herzen allen Erfolg dabei, die grundlegende menschliche Natur – die in Kooperation und der Banalität des Guten liegt – ins Herz des Wirtschaftssystems zu tragen. Das wäre wirklich eine fabelhafte Leistung für die Menschheit und alle zukünftigen Generationen.*

Snower: *Und ich freue mich auf möglichst viele Gespräche mit Ihnen im Verlauf dieses Prozesses.*

Ricard: *Sehr gut. Wunderbar.*

Snower: *Ich danke Ihnen.*

Ricard: *Ich danke Ihnen.*

Zwei Monate nach dem Gespräch
im Himalaya fliegt Dennis Snower
zum T20-Gipfel in Tokio, Japan,
um dort über die neuen Aufgaben
der G20-Staaten zu sprechen.

»WIR BRAUCHEN EINEN **NEUEN WOHLSTANDSBEGRIFF** AUF GRUNDLAGE EINER UMFASSENDEN DEFINITION MENSCHLICHER BEDÜRFNISSE.«

WAS WIRKLICH ZÄHLT

Die Welt erlebt seit Langem ein imposantes Wirtschaftswachstum. Seit nunmehr 40 Jahren steigt das Bruttoinlandsprodukt (BIP), die wichtigste Messgröße für die Beurteilung der ökonomischen Entwicklung. Allein in den vergangenen zehn Jahren stieg das BIP pro Kopf dank Globalisierung und technischem Fortschritt um 13 Prozent. Doch der Wachstumsindikator bildet nur einen Teil der Wirklichkeit ab.

Trotz des BIP-Anstiegs haben viele Menschen zunehmend Angst vor der Zukunft. Sie empfinden gesellschaftliche Entfremdung und glauben immer weniger daran, das eigene Leben selbst gestalten zu können. Dies geht einher mit einem zunehmenden Misstrauen gegenüber den Institutionen. In vielen Ländern erleben wir einen beunruhigenden Anstieg des politischen Populismus und eine Abkehr von internationaler Zusammenarbeit. Dabei wäre eine engere Kooperation der Nationalstaaten angesichts der Herausforderungen wie dem Klimawandel dringend geboten.

Das Problem ist: Ökonomischer und technischer Fortschritt sind entkoppelt von gesellschaftlichem, sozialem und ökologischem Fortschritt. Beispiele dieser Entkopplung gibt es in vielen Ländern: Die USA erleben einen beachtlichen Anstieg der Wirtschaftsleistung und sind gleichzeitig zerrissen wie noch nie. Frankreichs geplante Ökosteuer auf Treibstoff und die Reform des Rentensystems führten zu massiven Protesten. Eine WhatsApp-Steuer im Libanon endete in einer innenpolitischen Krise.

In dieser Situation scheinen Populisten den Menschen ein attraktives Angebot zu machen: Sie versprechen die Rückkehr in die gute alte Zeit und schnelle Lösungen durch eine Mein-Land-zuerst-Politik. Doch das wird nicht funktionieren, weil Nationalismus und die Suche nach einem Sündenbock keine Probleme lösen. Aber auch eine Gegenstrategie, die vor allem wirtschaftliche Umverteilung zum Ziel hat, reicht nicht aus. Denn sie setzt nur an der wirtschaftlichen Stelle des Problems an und adressiert damit nicht andere, ebenso wichtige Bedürfnisse wie die nach Anerkennung, Solidarität oder einer gesunden Umwelt.

Deshalb brauchen wir einen neuen Wohlstandsbegriff auf Grundlage einer umfassenden Definition menschlicher Bedürfnisse. Konkret schlagen wir

Dennis Snower mit Julia Pomares (Co-Vorsitzende T20 – Argentinien 2018), Naoyuki Yoshino (Vorsitzender T20 – Japan 2019), Gustavo Martinez (Sherpa T20 – Argentinien 2018) und Fahad Alturki (Vorsitzender T20 – Saudi-Arabien 2020).

folgende vier Dimensionen vor: Befähigung (*empowerment*), gesellschaftliche Solidarität, ökologische Nachhaltigkeit und wirtschaftlicher Wohlstand. Zusammen bilden diese Faktoren den Kern eines neuen Wohlstands-Armaturenbretts. Dieses Recoupling Dashboard, wie wir es nennen, soll helfen, den wirtschaftlichen wieder mit unserem sozial-ökologischen Wohlstand zu koppeln – und ein neues Verständnis dafür in Politik, Wirtschaft und Gesellschaft fördern.

So wie im Flugzeugcockpit für eine sichere Reise mehrere Messwerte notwendig sind, brauchen auch die Akteure in Politik, Wirtschaft und Gesellschaft mehrere Kennzahlen, um gesellschaftlichen Fortschritt analysieren und steuern zu können.

Nur wenn die wichtigen materiellen Bedürfnisse von Menschen befriedigt sind, wenn sie sich sicher in der Gesellschaft verankert fühlen, wenn sie die Möglichkeit haben, ihre Lebensumstände gemäß selbstbestimmter Ziele zu beeinflussen, und sie in einer gesunden Umwelt leben, erreichen sie ein umfassendes Wohlbefinden.

Wird eines dieser Ziele nicht erreicht, führt das zu Leid: Wenn materielle Grundbedürfnisse nicht gedeckt sind, bedeutet das Armut; der Mangel an Ermächtigung bedeutet Unfreiheit; Leben ohne soziale Solidarität bedeutet Einsamkeit und Entfremdung; nicht nachhaltig zu wirtschaften, führt zur Zerstörung der natürlichen Lebensgrundlagen.

»KONSUM HAT KEINEN WERT, WENN MAN **SOZIAL ISOLIERT** IST.«

Die vier Ziele – Befähigung, Solidarität, wirtschaftlicher Wohlstand und ökologische Nachhaltigkeit – sind nicht einfach austauschbar. Für eine positive Entwicklung müssen sie alle erfüllt sein. So ist beispielsweise persönliche Befähigung wertlos, wenn man hungert. Und Konsum hat keinen Wert, wenn man sozial isoliert ist. Nur wenn ein Land bei allen vier Zielen vorankommt, kann von echtem Erfolg in der Erfüllung grundlegender menschlicher Bedürfnisse gesprochen werden.

Dass bereits an vielen Stellen ein Umdenken stattfindet, zeigen etwa die Fridays-for-Future-Bewegung, das Entstehen von Initiativen in der Wirtschaft und die wachsende Bedeutung der Ökologie in der politischen Debatte. So fordert etwa der Business Roundtable, einer der größten US-Wirtschaftsverbände, Umweltschutz sowie Würde und Respekt in den Vordergrund unternehmerischen Handelns zu stellen. Und die *Value Balancing Alliance*, ein Zusammenschluss mehrerer Unternehmen, will ein gänzlich neues Modell der Bilanzierung, in der die Nachhaltigkeitskriterien eine größere Rolle spielen.

Wirksam werden diese Initiativen nur, wenn das Umdenken international implementiert wird. Die rein ökonomische Messgröße des BIP als Steuerungsgröße sollte deshalb durch eine ganzheitliche Wohlstandsmessung wie dem Recoupling Dashboard ersetzt werden. Erst dann haben wir das Rüstzeug für eine an menschlichen Bedürfnissen orientierte Politik und eine effektive Antwort gegen Populismus.

Ein Gastbeitrag von Dennis J. Snower und Katharina Lima de Miranda in DIE ZEIT

EIN NEUES NETZ FÜR DEN WOHLSTAND ALLER

Deutschland

In Deutschland stieg der Index für persönliche Befähigung (u.a. aufgrund der gestiegenen Arbeitsmarktsicherheit und des Vertrauens in die Regierung) zusammen mit der Wirtschaftsleistung (BIP). Gleichzeitig stagnierte aber die gesellschaftliche Solidarität. Beim Index für ökologische Nachhaltigkeit wurde sogar eine Verschlechterung gegenüber 2007 festgestellt.

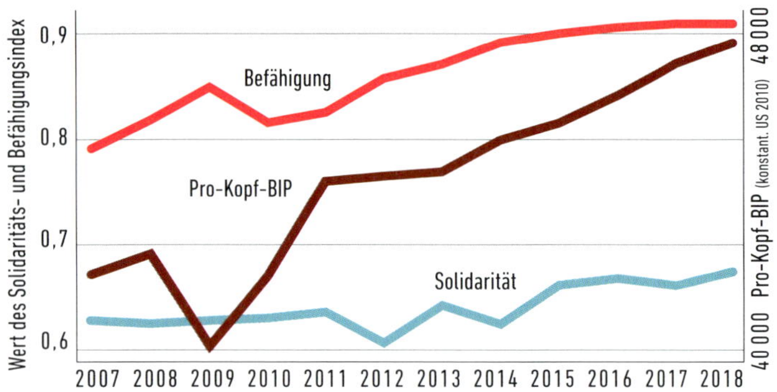

China

In China stiegen Befähigung, BIP und Solidarität – auch wenn das Land in absoluten Zahlen noch nicht das Niveau der westlichen Industrieländer erreicht hat. Den Preis dafür zahlt allerdings die Umwelt. Hier liegt das Land zusammen mit Indien noch immer auf einem der letzten Plätze.

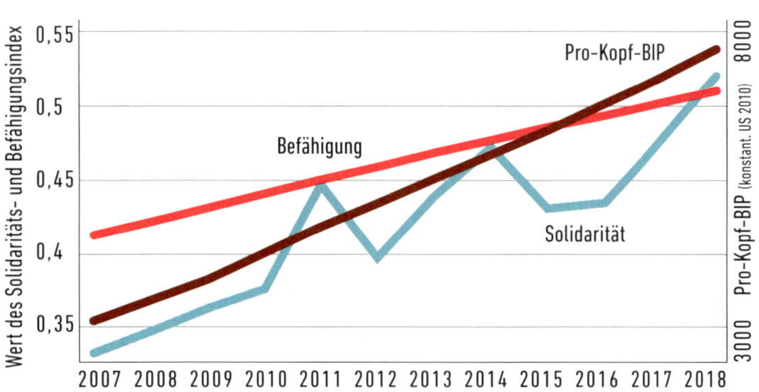

Indexwert für Befähigung
Gemessen werden unter anderem Arbeitsmarktsicherheit, Lebenserwartung, Ausbildungsjahre und Vertrauen in die Regierung.

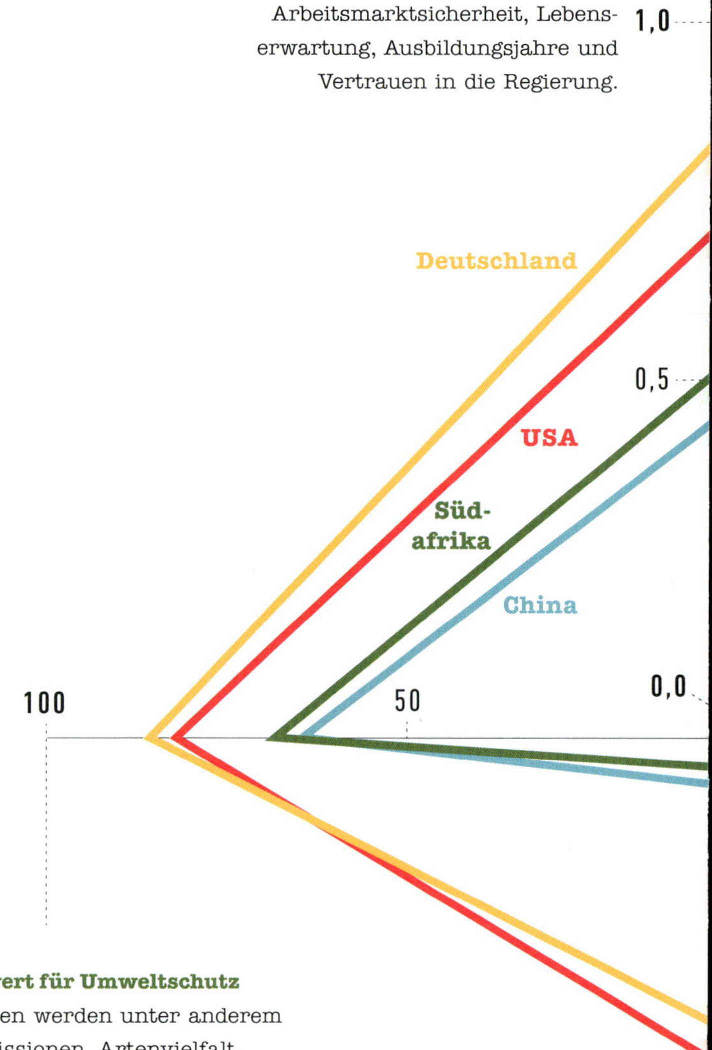

Indexwert für Umweltschutz
Gemessen werden unter anderem CO_2-Emissionen, Artenvielfalt, Wasservorräte.

Seit Jahrzehnten steigt weltweit das Bruttoinlandsprodukt (BIP), doch nach Ansicht von Snower und anderen Ökonomen ist dieses Analyseinstrument für die Bemessung von Fortschritt und Wohlstand unzulänglich. Sie halten die Fixierung darauf inzwischen sogar für einen Teil des Problems. Denn eigentlich bräuchten wir nach ihrer Meinung ein neues Zukunftsmodell, das neben dem BIP auch bemisst, wie stark in einem Land die ökologische Nachhaltigkeit, die Befähigung zur Gestaltung der eigenen Lebensumstände und die gesellschaftliche Solidarität ausgeprägt sind. Diese vier Ziele des »Recoupling Dashboard« sind jedoch nicht einfach austauschbar. Für eine positive Entwicklung müssen sie alle erfüllt sein. Viele OECD-Länder haben bereits erste Schritte unternommen. Durch das Dashboard wird nun erstmals eine gemeinsame Grundlage für die konsistente Erfassung und Vergleichbarkeit aller Länder geschaffen.

DAS »RECOUPLING DASHBOARD«

VON KATHARINA LIMA DE MIRANDA UND DENNIS SNOWER

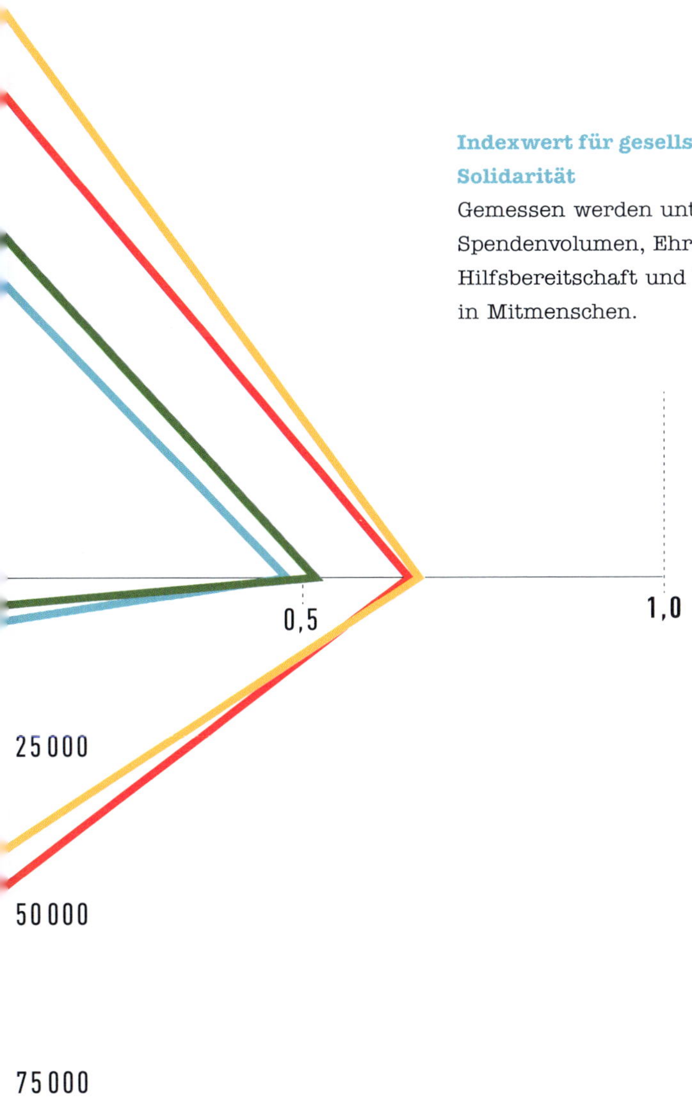

Indexwert für gesellschaftliche Solidarität
Gemessen werden unter anderem Spendenvolumen, Ehrenämter, Hilfsbereitschaft und Vertrauen in Mitmenschen.

100 000 **Bruttoinlandsprodukt pro Kopf**
Den weltweit höchsten Wert hat Luxemburg mit 106 520 US-Dollar.

Südafrika

Südafrika erlebt seit 2007 eine starke Zunahme beim Befähigungsindex, was vor allem auf den Zugang zu Bildung und eine verbesserte Lebenserwartung zurückzuführen ist. Die Tatsache, dass trotz der Einbrüche beim BIP die gesellschaftliche Solidarität weiter steigt, lässt ein ausgeprägtes Netz aus gegenseitiger Hilfe und Spenden vermuten.

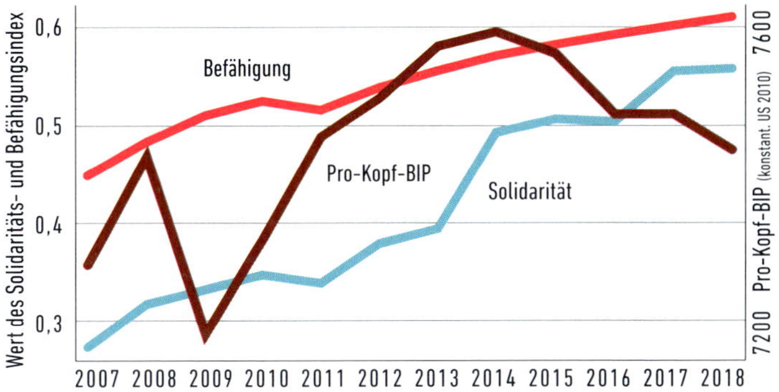

USA

In den USA kam es nach der Finanzkrise 2008 zu einer Entkopplung von Wirtschaftswachstum mit gesellschaftlicher Solidarität und Befähigung. Während nach 2009 das BIP wieder kontinuierlich stieg, stagnierte der Befähigungsindex. Die gesellschaftliche Solidarität nahm stark ab.

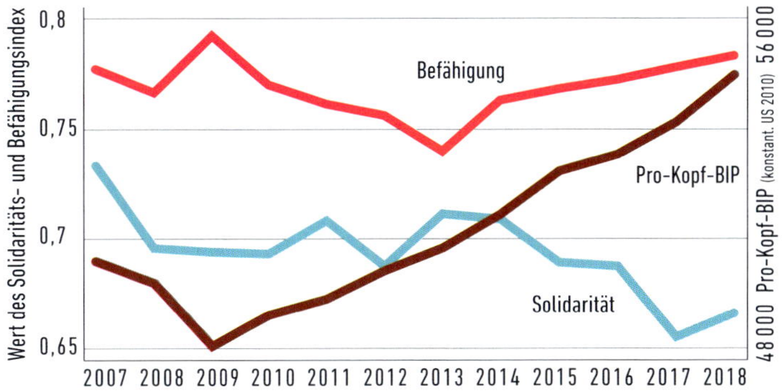

Quelle: www.recoupling-dashboard.org

‹ KOOPERATION

VERANTWORTUNG ›

ÜBER DAS UNGEHEURE UND DIE TECHNIK

Reisenotizen aus Japan

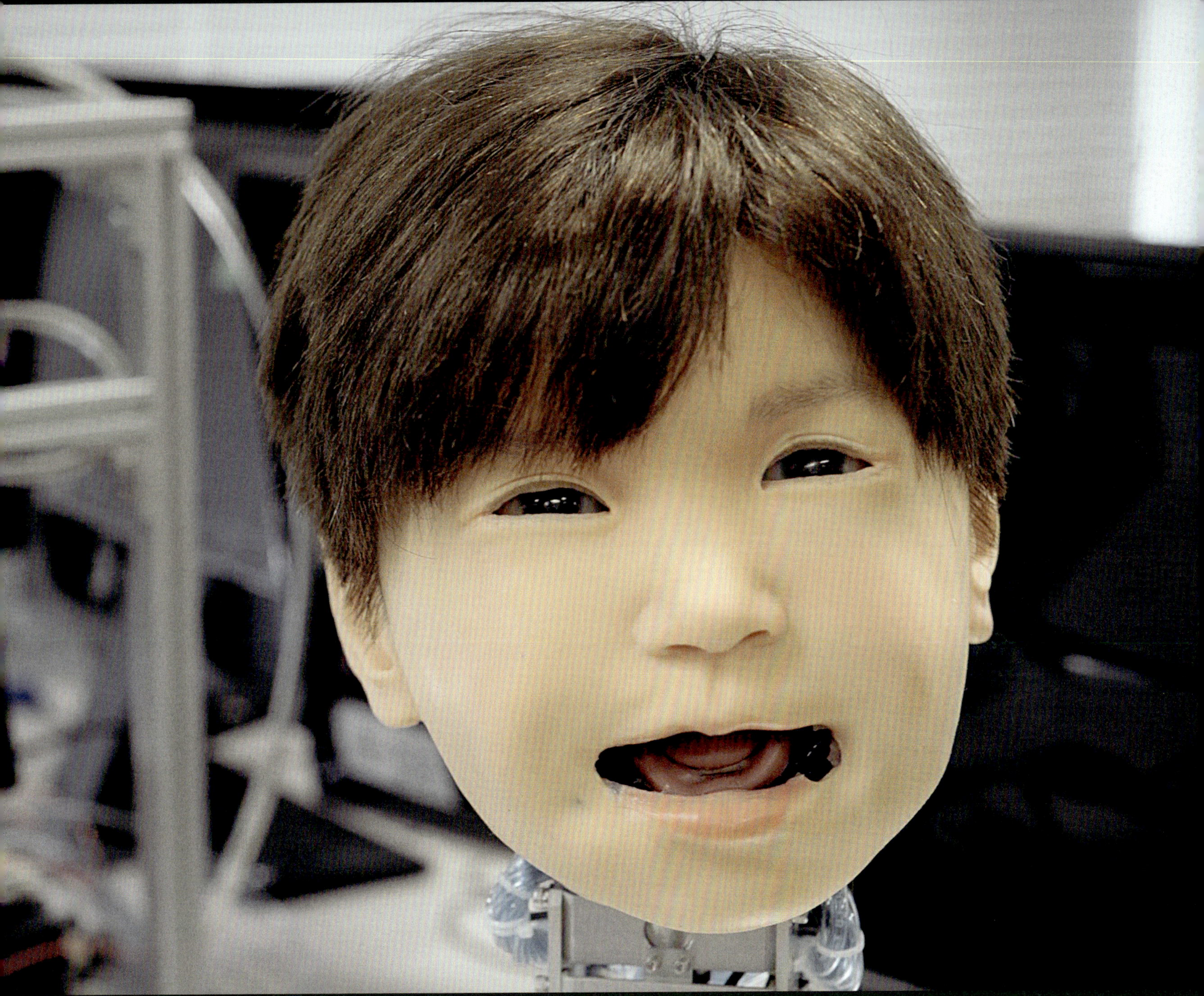

KONAMI

JANINA LOH

WIR SIND NICHT DIE KRONE DER SCHÖPFUNG

Die im nordrhein-westfälischen Witten geborene Janina Loh studierte an der Berliner Humboldt-Universität und erhielt gleich für die Masterarbeit ihren ersten Preis. Das Verantwortungskonzept bei Hannah Arendt war das Thema, und die Frage nach der Verantwortung stand von da an im Zentrum ihrer Forschungsarbeit als kritische Posthumanistin. 2016 ging Janina Loh an die Universität Wien und verfasste dort ihre im Suhrkamp Verlag veröffentlichte Schrift *Roboterethik*. Darin ging sie der grundsätzlichen Frage nach, welchen ethischen Herausforderungen wir durch Bau, Weiterentwicklung und Umgang mit Robotern gegenüberstehen. Denn als Technikphilosophin weiß Janina Loh, dass durch die Digitalisierung weitaus tiefgreifendere Transformationsprozesse auf unsere Gesellschaft zukommen werden als durch sämtliche Finanz- und Flüchtlingskrisen zusammen. Die große Frage ist ihrer Meinung nach deshalb: Hätte sich die Menschheit vor uns so passiv verhalten wie wir jetzt gerade – gäbe es dann heute solche Errungenschaften wie Demokratie oder Menschenrechte?

Im Frühling 2019 besuchte Janina Loh in Japan das havarierte Kernkraftwerk Fukushima und die Robotik-Experten Hiroshi Ishiguro, Takashi Ikegami und Minoru Asada, um nach Antworten zu suchen.

Tag 1:

DER UNGEHEURE MENSCH – DAS UNGEHEUER MENSCH

Besuch in Fukushima, Hotel 22:00–22:30 Uhr.

In der altgriechischen Tragödie *Antigone* des Dramatikers Sophokles gibt es einen Satz, der mich schon lange beschäftigt, wenn auch immer wieder erneut und aus unterschiedlichen Gründen. Er lautet übersetzt etwa »Es gibt viele ungeheure Dinge, aber nichts ist ungeheurer als der Mensch«. Der Mensch kann einerseits ungeheuerlich im Positiven sein und auf der anderen Seite ungeheuerlich im negativen Sinne. Das ist mir in Fukushima und insbesondere in der Schule dort ganz stark vor Augen geführt worden. Denn einerseits steht eine Schule ja sinnbildlich für

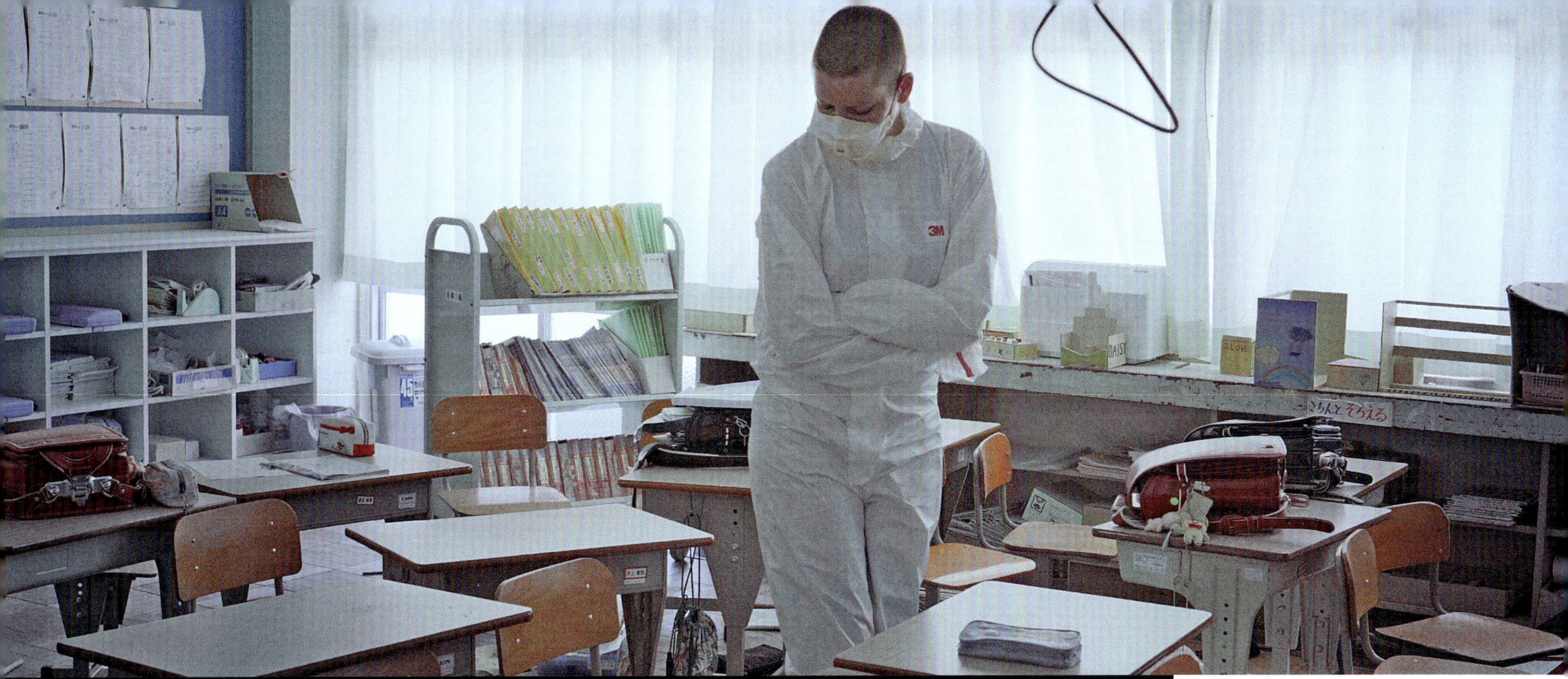

das menschliche Potenzial, dafür, was Menschen zu schaffen in der Lage sind, und auch für Kreativität, dafür, wohin Menschen gehen und welche Wege sie gestalten können. Für all das steht die Schule als Institution und für das, was wir an die nächsten Generationen weitergeben.

Andererseits sehen wir in Fukushima und sinnbildlich an der dortigen Schule in Futaba dann aber auch das Ungeheuerliche des Menschen – im Sinne des Furchtbaren, des Zerstörerischen. Mit der Katastrophe nicht nur durch die Naturgewalten in Form von Erdbeben und Tsunami, sondern natürlich auch durch das Desaster, die technologische Katastrophe im Kernreaktor.

Als 2011 in Fukushima der Kernreaktor infolge einer Naturkatastrophe explodierte, mussten die Kinder der Grundschule von Futaba fluchtartig ihre Klassenräume verlassen.

Dass der Mensch mit einem Schlag das Ungeheuerliche im wunderbaren positiven Sinne durch das Ungeheuerliche im negativen Sinne wieder zerstört. Die sprichwörtlichen zwei Seiten einer Medaille. Beides liegt so nahe beieinander, dass es sich quasi mit einem Wimpernschlag gegenseitig aufheben kann.

Was ich daran auch bezeichnend finde, ist, dass das Sophokles-Zitat eben nicht von einer* aktuellen Denker*in stammt, sondern einige Jahrhunderte vor Christus von einem griechischen Tragödiendichter verfasst worden ist. Da gab es noch keine Atombomben, da gab es noch keine Kernreaktoren, da gab es noch keine autonomen Roboter, keine selbstfahrenden Autos und ebenso wenig diese ganzen technologischen Errungenschaften der Moderne. Und trotzdem war da diese Erkenntnis – dass der Mensch ungeheuerlich ist und Ungeheures in vielerlei Hinsicht in sich birgt.

Will sagen: Für diese Erkenntnis brauchten wir also gar nicht diesen langen, furchtbaren Weg zu gehen. Dafür brauchten wir nicht erst so viel zu lernen und nicht so viele schreckliche Dinge zu erleben, nur, um das bestätigt zu bekommen, was wir bereits seit so langer Zeit wissen.

»WIR MÜSSEN UNS **DRINGEND** MEHR GEDANKEN UM EIN ETHISCHES BEWUSSTSEIN IN DER AUSEINANDERSETZUNG MIT TECHNIK MACHEN.«

Die Schüler durften bisher
nicht zurückkommen und
ihre Schulsachen abholen,
weil die Geisterstadt noch
immer verstrahlt ist.

Die Yurikamome-Linie ist Tokios erstes voll automatisiertes Transportsystem. Über 130000 Passagiere nutzen täglich die Bahnlinie, die komplett von Computern ohne menschliches Zutun gesteuert wird.

»WENN ICH MIR EINE **GESELLSCHAFT IN HUNDERT JAHREN** VORSTELLE, DIE ZURÜCKSCHAUT, WÜRDE ICH HOFFEN, DASS WIR ES ALS GESELLSCHAFT GESCHAFFT HABEN WERDEN, VON DIESEM **EXKLUSIVEN DENKEN**, DAS DIE MENSCHEN IN DEN MITTELPUNKT STELLT, **ABZUKOMMEN.**«

TAG 2:

KANN TECHNIK NEUTRAL SEIN?

Besuch der Hiroshi Ishiguro Laboratories in Osaka, Hotel, 19:30–20:15 Uhr.

Es gibt diese Haltung, dass Technik neutral ist. Im Sinne von: »Das sind doch nur Einsen und Nullen. Das sind doch überhaupt keine ethisch interessanten Dinge, mit denen wir hier zu tun haben. Technik ist absolut neutral.« Exemplarisch für diese Sicht der Dinge gab es vor einigen Jahren diesen Werbeslogan der *American Rifle Association:* »Nicht Gewehre töten Menschen, sondern Menschen töten Menschen.« Das ist genau so ein Versuch, die Technologie selbst (also in diesem Fall das Gewehr) neutral zu machen. Es sind ja Menschen, die die Fehler machen, und nicht die Technologien. Aber beides ist in Wahrheit Quatsch.

Hiroshi Ishiguro ist Direktor des Intelligent Robotics Laboratory der Universität Osaka. Die von ihm entwickelte Androidin Erica kann Mund, Augen und Kopf wie ein Mensch bewegen und ist Fernsehansagerin in Japan.

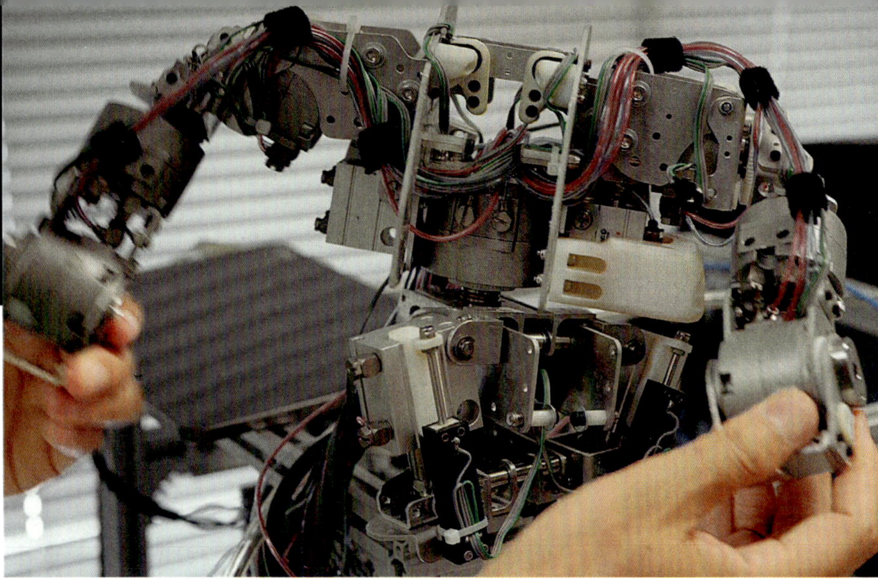

Der Kinder-Roboter Affetto wurde an der Universität Osaka entwickelt und simuliert eine große Bandbreite menschlicher Emotionen – bis hin zum Schmerz.

Nicht Maschinengewehre töten Menschen, und nicht Menschen töten Menschen. Sondern Menschen mit Maschinengewehren töten Menschen. Wir könnten auch den Apparat aus »Mensch« plus »Maschinengewehr« als eigene Einheit verstehen.

DER ZWECK VON MASCHINENGEWEHREN

Der Punkt ist, dass jede Technologie, also alles, was Menschen erschaffen, einen bestimmten Zweck hat. Manchmal ist dieser Zweck weiter oder breiter angelegt, manchmal ist er schwerer zu finden. Aber alles, was Menschen erschaffen, hat einen Zweck.

Warum ist das so? Weil menschliches Handeln immer eine Intention hat, immer Gründen folgt. Dadurch unterscheidet sich menschliches Handeln von dem bloßen Verhalten und dem durch Instinkt gesteuerten Verhalten der Tiere. Menschliches Handeln ist durch Gründe, durch Wünsche, Normen und Werte geprägt. Ob explizit, bewusst, oder implizit, unbewusst, sei dahingestellt. Aber das unterscheidet Handeln von bloßem Verhalten und instinkthaften Trieben. Deswegen sind natürlich auch alle Produkte menschlichen Handelns immer mit einem bestimmten Zweck belegt, also auch Technologien.

Ein Maschinengewehr hat erst einmal den Zweck, ein bestimmtes Gegenüber (ob menschlich oder nichtmenschlich) zu Schaden zu bringen. Natürlich kann man mit einem Maschinengewehr auch einen Nagel in die Wand schlagen oder es als Krücke benutzen. Aber der erste Zweck ist es, einem anderen Wesen Schaden zuzufügen, Punkt. Natürlich haben also auch Roboter einen Zweck – sie sind nicht neutral.

DIE ILLUSION VOM RÄDCHEN IM GETRIEBE

Die Behauptung »Technik ist neutral« halte ich für eine Leugnung von Verantwortung. Sie ist ein gutes Beispiel dafür, dass Menschen versuchen, sich ihrer Verantwortung zu entledigen, und eigentlich sagen: »Ich bin ja nur einem Auftrag gefolgt. Ich habe ja nur im Sinne eines bestimmten Unternehmens gehandelt.« Hannah Arendt hat sehr schön anhand des Eichmann-Prozesses gezeigt, dass niemand ein bloßes Rädchen im Getriebe ist.

Wir alle sind handelnde Menschen, und in unserem Tun tragen wir Verantwortung dafür. Wenn ich einen Vertrag für ein Unternehmen unterzeichne und mich bereit erkläre, den Strukturen des Unternehmens, seinen Intentionen und Zielen zu folgen, dann ist das meine Entscheidung. Und auch wenn das zuweilen sehr schmerzhaft sein kann – es gibt immer auch die Möglichkeit »Nein« zu sagen.

Wenn wir so tun, als sei die Entwicklung einer künstlichen Superintelligenz oder einer beliebigen anderen technologischen Erfindung ein Naturgesetz, dann geben wir uns als Prophet*innen und Fatalist*innen. Wir degradieren uns im Grunde zu unmündigen Kindern, wir entledigen uns unserer Verantwortung. Wir geben Verantwortung für etwas von Menschen

Geschaffenes ab und überspringen die Frage nach der ethischen und gesellschaftlichen Wünschbarkeit und dem Sollen von vornherein. Das halte ich für absolut gefährlich.

PROFITEURE UNSERER VERANTWORTUNGSLOSIGKEIT

Warum? Nicht nur, weil wir uns im Einzelnen als Individuen unserer Handlungsfähigkeit berauben und unserer Verantwortung entledigen. Sondern weil wir damit auch gegebenen Machtstrukturen und Autoritäten in die Hände spielen. Also solchen Leuten, die eigentlich aus ganz individuellen Zwecken und Antrieben heraus handeln. Wir sehen es daran, wenn Deutschland Waffen in Kriegsgebiete verkauft. Oder an der Entwicklung der Atombombe. Diese Dinge erfolgen ganz häufig nicht zugunsten der Gesellschaft, sondern aus bloßen ökonomischen und politischen Interessen heraus. Solchen Autoritäten spielen wir in die Hände, wenn wir behaupten, dass die Entwicklung bestimmter Technologien eine Notwendigkeit sei wie ein Naturgesetz oder ein Automatismus.

Das führt am Ende häufig zu Katastrophen, weil dann nämlich Entscheidungen nicht aufgrund eines ethischen Verantwortungsbewusstseins für die Gesellschaft oder für diesen Planeten getroffen werden.

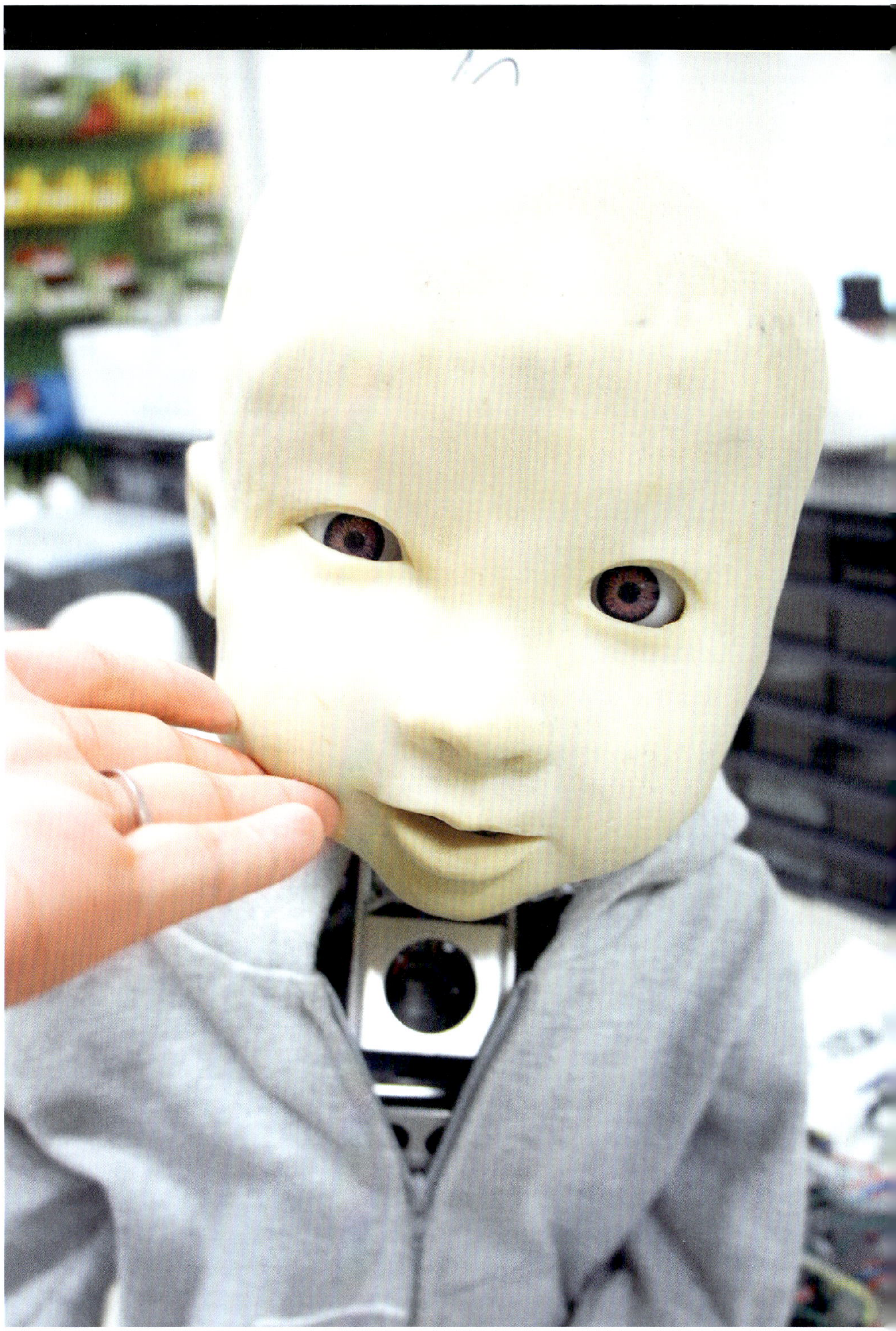

»DIE BEHAUPTUNG, ›TECHNIK IST NEUTRAL‹, HALTE ICH FÜR EINE **LEUGNUNG VON VERANTWORTUNG.**«

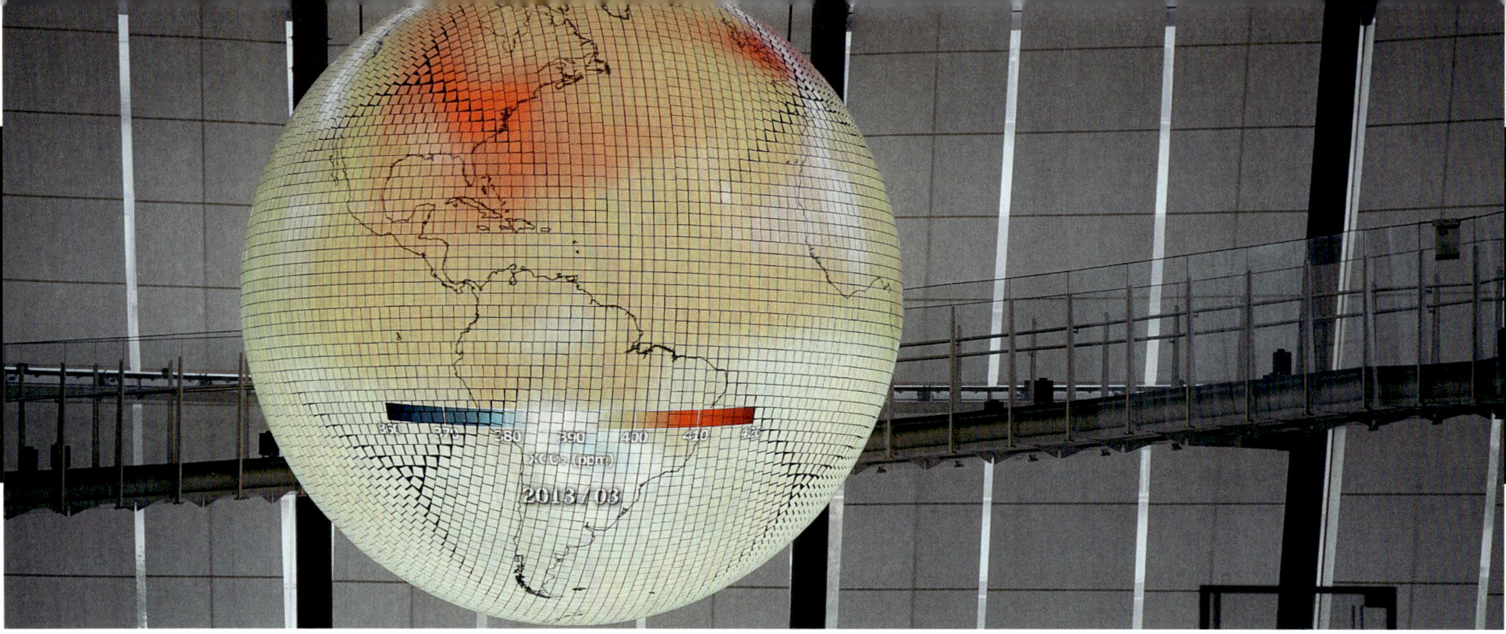

TAG 3:

VIER EBENEN DER VERANTWORTUNG

Tokio, Technikmuseum Mirakian, 10:30–14:00 Uhr.

Nach meinem Dafürhalten müssen wir gerade mit der Absage an die Neutralität der Technik ein Bewusstsein dafür schaffen, dass mit jeder Produktion von egal welcher Technologie ethische Fragen einhergehen. Diesen ethischen Fragen müssen wir uns bereits heute stellen und nicht erst in irgendeiner Zukunft der Singularität. Sophokles' Zitat zeigt, dass wir uns bereits seit vielen hundert Jahren mit diesen Fragen beschäftigen müssten. Diese Verantwortung müssen wir jetzt schon bereit sein zu tragen. Wir müssen uns auf mindestens vier unterschiedlichen Ebenen der Gesellschaft für ein verstärktes ethisches Bewusstsein im Umgang mit Technologien einsetzen.

SCHULE

Erstens in den Schulen: im Ethikunterricht, wo Technikethik eine sehr viel größere Rolle spielen sollte, als sie das heute tut. Und dann aber auch v. a. im Technik- und Computerunterricht bzw. in Roboter-AGs und -Workshops, wo umgekehrt ethische Fragen eine sehr viel größere Rolle spielen sollten, als sie das heute tun. Zwar gibt es in neueren Ethikbüchern für den Schulunterricht den Bereich der Technikethik schon, er nimmt dort aber in der Tat keinen sehr großen Raum ein. Dabei könnten wir diese hochaktuellen Fragen durchaus auch mit klassischen philosophischen Ansätzen von Aristoteles oder Immanuel Kant in Verbindung bringen. Im Computerunterricht herrscht nach wie vor die Haltung vor, dass es hier ja nur um »Einsen und Nullen« geht, Ethik also gar keine Rolle spielt. Doch es gäbe viele wichtige ethische Fragen, die die Kinder und Jugendlichen im Lernstoff des Computerunterrichts mitbehandeln sollten. Zum Beispiel die Frage, wer von den Daten profitiert, die in der Nutzung von Alexa und anderen Heimgeräten erhoben werden. Oder warum sich ein Staubsaugerroboter nicht eigentlich auch bemühen sollte, kleinere Insekten wie etwa Schmetterlinge und Marienkäfer zu schonen. Oder warum humanoide Roboter für den

Privatgebrauch (z.B. Pepper und Nao) nach durchaus fragwürdigen Geschlechterstereotypen designt werden. All dies sind ethische Fragen, die Technologien betreffen, die viele Jugendliche aus dem Alltag und zumindest aus den Medien schon längst kennen.

AUSBILDUNG

Die zweite Ebene betrifft die Universitäten und die Ausbildungsstätten der Robotik und damit die Robotiker*innen und Technikwissenschaftler*innen von morgen. Hier sollten verpflichtende ethische Kurse angeboten werden. Wir haben das in fast jeder anderen Disziplin, die wir unterrichten, beispielsweise in der Medizin. Im Medizinstudium sind die Student*innen dazu verpflichtet, Kurse zu besuchen, die sich mit den ethisch relevanten Fragen ihres Fachs befassen. Wir würden keine Ärzt*innen praktizieren lassen, die nicht im Rahmen des Studiums einen Kurs über Präimplantationsdiagnostik, Klonen, Sterbehilfe und andere ethische Grenzfälle und Fragen besuchen mussten. Es ist für uns in den Disziplinen, in denen Menschen aufeinandertreffen, absolut selbstverständlich. In den Wissenschaften, wo es um Technik geht, die ja vermeintlich bloß »neutral« ist, spielen ethische Fragen bislang keine große Rolle. Nach meinem Dafürhalten ist das aber wie gesagt falsch und das wäre deshalb die zweite Ebene, auf der ein kritisches Bewusstsein für ethische Fragen ganz selbstverständlich in den Kanon aufgenommen werden sollte.

WIRTSCHAFT

Die dritte Ebene ist die der Firmen und Unternehmen. In den Unternehmen, die jetzt schon Technologien entwerfen, in Zentren, in denen Leute wie etwa Hiroshi Ishiguro arbeiten, oder Unternehmen, die Sexroboter produzieren, aber auch der Automobilindustrie, die (autonome) Autos baut, müssen ebenfalls verpflichtende ethische Weiterbildungskurse eingerichtet werden. Es geht darum, den Leuten ein Bewusstsein dafür zu geben, welche ethisch relevanten Fragen in ihrem spezifischen Arbeitsbereich eine Rolle spielen, die mit den Produkten, die sie da erschaffen und auf den Markt bringen, einhergehen.

POLITIK

Die vierte Ebene ist die politische und institutionelle Ebene, u.a. etwa durch die Einrichtung von Ethikkommissionen. Wir haben 2015 in Deutschland die weltweit erste Ethikkommission eingerichtet, die sich mit ethischen Fragen des autonomen Fahrens auseinandersetzt. Und es müsste sehr viel mehr solcher Gremien geben, wie ja auch beispielsweise in jedem Krankenhaus eine Ethikkommission oder ein Ethikgremium existiert. Ganz selbstverständlich müssten ebenso viele Ethikgremien in größeren Einrichtungen und auch auf politischer Ebene auf Landes- und Bundesebene gebildet werden, die sich mit den unterschiedlichen Technologien und den damit einhergehenden ethischen Herausforderungen beschäftigen, wie eben die bereits erwähnte Ethikkommission zum autonomen Fahren.

Tokio, Hotel, 22:00 Uhr

Ein weiterer Punkt, den ich gerade mit Blick auf die Erlebnisse in Fukushima interessant finde, ist die Unterscheidung zwischen zwei Fragen: einmal die Frage nach dem technisch Möglichen und Machbaren und dann aber v.a. die Frage nach dem moralisch Wünschenswerten – die Frage nach dem Sollen. Insbesondere in den schon existierenden Unternehmen wird die Frage des technologisch Machbaren meist zuerst gestellt. Es wird zuerst gefragt: Was ist technisch möglich? Und erst im Nachhinein folgt die Überlegung, inwiefern es überhaupt moralisch wünschenswert ist, was wir da als Unternehmen tun. Eigentlich wird momentan in einem Unternehmen die Frage nach dem moralisch Wünschenswerten bereits beantwortet, nämlich indem das Unternehmen ein bestimmtes Produkt kreiert und serienmäßig auf den Markt bringt. Damit hat es ja diese Frage nach der Wünschbarkeit und dem Sollen zumindest für sich selbst schon beantwortet. Aber die Frage nach dem moralisch und gesellschaftlich Wünschenswerten muss generell an erster Stelle und viel breiter diskutiert werden als das bisher der Fall ist.

TAG 4:

DIE WURZELN UNSERES EXKLUSIVEN DENKENS

Osaka, Institute for Open and Transdisciplinary Research Initiatives (OTRI), Gespräch mit Professor Minoru Asada, 15:00–15:45 Uhr.

In den sogenannten westlichen Kulturen fühlen wir uns sehr stark zu Aristoteles und der griechischen Denktradition hingezogen. Aristoteles' Verständnis von Ethik war, dass diese Disziplin an erster Stelle und vielleicht sogar ausschließlich Menschen und menschliches Handeln betrifft. Dieses Verständnis liegt bis heute unserem ethischen Denken zugrunde. Aristoteles hat außerdem zwischen verschiedenen Arten von Seelen unterschieden: Pflanzen haben eine spezifische Form der Seele, die sich von der Seele der Tiere unterscheidet. Und auch der Mensch hat eine spezifische Art von Seele und persönliche Identität. Gegenstände haben laut Aristoteles keine Seele und keine personale Identität. Menschen können deshalb nicht mit einem Objekt befreundet sein.

»Über die Seele«

Aristoteles sieht in seiner Schrift *De anima* (Über die Seele) in der Seele ein Lebensprinzip, nach dem sich einerseits Belebtes von Unbelebtem und andererseits unterschiedliche Typen von Lebewesen unterscheiden lassen. Grundsätzlich gibt es drei Arten von Seele oder Seelenvermögen, von denen die Menschen das komplexeste haben, denn sie verfügen über Vernunft. Tiere hingegen verfügen nicht über das intellektuelle Seelenvermögen, sondern lediglich über ein sensitives, das sich darin ausdrückt, dass sie empfinden, wahrnehmen, tasten und sich bewegen können. Pflanzen schließlich haben noch nicht einmal das – ihnen kommt ein rein vegetatives Seelenvermögen zu. Sie haben einen Stoffwechsel, wachsen und pflanzen sich fort. Unbelebte Dinge, wie z.B. Roboter, haben überhaupt keine Form von Seele.

Mit seiner Position steht Aristoteles exemplarisch für die sogenannte westliche Sicht der Dinge. Im Animismus hingegen, im japanischen Shintōismus (oder sogar auch in der germanischen Mythologie) ist die Vorstellung von beseelten Objekten durchaus gängig. Der Animismus steht laut Professor Asada ganz allgemein für die Idee der Allbeseeltheit, dafür, dass alles und eben auch unbelebte Dinge wie Steine, Tische und Roboter einen Geist oder eine Seele haben. Das scheint auch im japanischen Kulturraum der Fall zu sein. Der Animismus erlaubt auch die Freundschaft mit Unbelebtem.

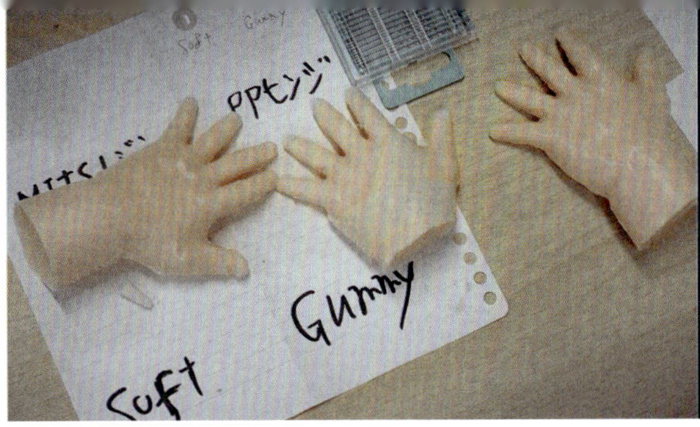

Bei der Herstellung von Androiden wird versucht, die Eigenschaften der menschlichen Haut so genau wie möglich zu imitieren.

WIR SIND DIE KRONE DER SCHÖPFUNG

Aber in unseren westlichen Gesellschaften war und ist Aristoteles in dieser Hinsicht ein starker Einfluss, und wir stehen noch immer in seiner Tradition. Viele Menschen in unseren Gesellschaften haben deshalb ein Problem mit der Vorstellung, dass wir emotionale Bindungen mit Robotern eingehen könnten – denn für uns ist die Frage, ob es eine Seele oder eine persönliche Identität gibt, sehr wichtig.

Ich persönlich sehe aber in der Tatsache, dass Menschen emotionale Bindungen zu allem möglichen und eben auch zu Unbelebtem eingehen können, eine wunderschöne Fähigkeit und überhaupt kein Problem. Im Gegenteil: Ebenso wie Minoru Asada halte auch ich es für wichtig, dass wir uns in vielen Bereichen, in denen wir uns auf Technologien immer mehr verlassen – und das auch müssen, weil wir von ihnen ganz maßgeblich unterstützt werden –, auch emotional auf Maschinen einlassen können.

Im Bereich der Pflege etwa. Wir möchten nicht von Robotern beim Waschen, in der Hygiene und bei der Einnahme von Medikamenten unterstützt werden, vor denen wir uns gruseln oder die wir abstoßend finden. Hier ist es elementar, dass wir Roboter entwickeln, die wir mögen, die wir gut leiden können, auf die wir uns eben emotional einlassen können, denn sonst sind die nicht in der Lage, ihre Aufgabe anständig zu erfüllen. Dasselbe gilt aber im Grunde für alle Bereiche der Robotik, auch in der Industrie und beim Militär, wenn auch die Art und Weise, wie wir uns auf Maschinen einlassen, sehr unterschiedlich aussehen kann und durch unterschiedliche und für den jeweiligen Bereich spezifische Kriterien ermöglicht wird.

(NUR) SYMPATHISCHE ROBOTER DÜRFEN UNS PFLEGEN

In der Pflege sind es häufig humanoide Roboter, weil diese uns Menschen ganz anders emotional abholen. In der Industrie sind es gerade keine humanoiden Roboter, auf die wir uns einzulassen bereit sind, sondern möglichst klare, einfache, transparente, leicht zu überblickende maschinelle Formen, die uns ein Gefühl von Sicherheit geben, wenn wir mit ihnen im direkten Umgang stehen.

Das liegt daran, dass der Mensch die »Krone der Schöpfung« sein will und alles andere moralisch ausgeschlossen oder zumindest moralisch diskriminiert wird. Dahinter steht eigentlich die Idee des weißen, männlichen, heterosexuellen Menschen. Alles andere ist nicht so wichtig wie dieser Mensch. Er ist in der Lage, alles andere so zu nutzen, wie er will. Maschinen, Tiere, Pflanzen und alle anderen Dinge sind nicht so wichtig wie Menschen.

Wenn wir uns die Geschichte der Menschheit anschauen, können wir feststellen, dass wir es immer wieder vermasselt haben, wann immer wir versucht haben, eine einfache Definition vom Menschen zu geben. Wir hatten Weltkriege, wir hatten technologische Katastrophen, wir hatten Diskriminierung und Ausbeutung und Unterdrückung (und haben sie immer noch) von Menschen mit einer anderen Hautfarbe, von Menschen mit einer anderen Religion, von Menschen mit einem anderen Geschlecht und dergleichen – weil es immer Menschen gab, die ein sehr spezifisches Verständnis davon hatten, wie die menschliche Natur beschaffen sein muss.

DEFINITION UND KONTROLLE

Wann immer wir eine einfache Erklärung, eine einfache Definition haben, können wir die Dinge nämlich kontrollieren. Das kommt natürlich immer jenen zugute, die in Positionen mit Macht sind, die Autorität haben. Anthropologische Definitionen oder Wesensdefinitionen sind nie neutral. Und wenn man eine einfache Definition dafür hat, was Menschen sind, wie der »normale Mensch« ist, dann ist man in der Lage, Menschen zu kontrollieren.

So haben etwa die Religionen und auch die politischen Parteien immer spezifische Vorstellungen davon, wie die Menschen zu sein haben, was ihre Natur und ihre Aufgabe ist, und wie sie sich verhalten sollen. Natürlich sind sich Staat und Kirche da nicht immer einig. Ein weiterer wichtiger Akteur ist die Ökonomie, die auch ein bestimmtes Menschenbild hat. Abtreibungspolitiken, Reproduktionstechnologien, Methoden der Schwangerschaftsverhütung sind nur besonders prominente und äußerst effektive religiöse, politische, rechtliche und ökonomische Weisen, ein bestimmtes Menschenbild zu realisieren und entsprechend das Verhalten von Menschen zu kontrollieren. Das heißt auch: zu legitimieren oder zu sanktionieren.

Rechts Geminoid HI 2, benannt nach seinem Erfinder Hiroshi Ishiguro, hier links, mit einem Telenoid-Androiden im Arm. Geminoid-Androiden werden speziell dafür konstruiert, einem einzelnen menschlichen Vorbild ähnlich zu sehen.

Telenoid-Androiden werden vor allem bei Senior*innen eingesetzt, die Gesprächspartner*innen oder einen Ersatz für Kinder oder Tiere brauchen. Sie können von überall auf der Welt aus via Internet bedient werden und

TAG 5:

EINE BESSERE PRAXIS DES UMGANGS MITEINANDER

»WAS GLAUBEN SIE, WERDEN DIE ÜBER UNS DENKEN?«

Tokio, Gespräch mit Takashi Ikegami, Technikkünstler, Hotel, 17:00–18:30 Uhr.

Wenn ich mir eine Gesellschaft in hundert Jahren vorstelle, die zurückschaut, würde ich erstens hoffen, dass wir es in einer zukünftigen Gesellschaft geschafft haben werden, die Speziesgrenzen aufzuheben. Zweitens, dass wir es geschafft haben, nicht mehr darauf zu beharren, dass etwas ein Mensch ist aufgrund bestimmter Eigenschaften, die es uns erlauben, ihn so und so zu behandeln. Dass wir etwas aufgrund bestimmter Eigenschaften als Tier festlegen und es deswegen so und so behandeln dürfen. Oder dass wir etwas über bestimmte Eigenschaften als eine Maschine definieren und sagen, dass wir sie deshalb so und so behandeln dürfen.

Ich hoffe, dass wir die Grenzen zwischen dem, was wir »Menschen« nennen und dem, was wir »nichtmenschlich« nennen – Tiere, Pflanzen, Maschinen –, nicht mehr so wichtig nehmen, sondern vielmehr eine gute Praxis des Umgangs miteinander finden. Eine Sicht auf die Dinge, bei der die Beziehung, die Relation, an erster Stelle steht und weniger, wer sie führt. Das würde, so denke ich, dazu führen, dass wir mehr Wesen in unser moralisches Universum aufnehmen, anstatt immer darauf zu achten, nur einen exklusiven Kreis einiger weniger in dieses moralische Universum zu inkludieren.

Dass wir von diesem exklusiven Denken, das die Menschen in den Mittelpunkt stellt, abgekommen sind und einfach sagen: Es gibt eine Reihe von Wesen – die einen sind vielleicht so, die anderen so, und das kann sich dauernd verändern. Und all diese Wesen sind Teil des moralischen Universums und werden ebenbürtig behandelt.

Es scheint stattdessen aber so zu sein, dass die Menschen immer mehr darauf beharren, dass es irgendwas gibt, was sie zu Menschen macht, und dass es verdammt wichtig ist, diese eine Eigenschaft zu erkennen. Weil es das ist, was uns von allem anderen unterscheidet und uns einen moralisch gehobenen Standort in der Welt und im Kosmos gibt. Das ist, davon bin ich zutiefst überzeugt, wirklich sehr gefährlich. Wir schaffen es ja noch nicht einmal, alle Menschen gleichermaßen gut zu behandeln. Und noch schlechter behandeln wir alles Nichtmenschliche – wir beuten gnadenlos die Umwelt, die Tiere, den ganzen Planeten aus, weil wir denken, dass wir als Menschen dazu irgendein Recht hätten. Weil wir besser und wichtiger sind.

EINE WERKSTATTDEFINITION FÜR DAS MENSCHLICHE

Wir können natürlich nicht einfach alles von heute auf morgen über den Haufen werfen, können natürlich nicht einfach sagen: »Das alles ist mir von jetzt auf gleich absolut egal, dass ich ein Mensch bin und mein Gegenüber eine Maschine oder eine Pflanze oder ein Tier ist.« Das vielleicht nicht. Aber was wir jetzt auf jeden Fall können und wofür wir auch jetzt die Verantwortung tragen, ist zumindest eine Arbeitsbestimmung, eine Werkstattdefinition für das Menschliche zu finden, die besser ist als die, die wir bislang hatten.

Die Definitionen dafür, was der Mensch ist, haben uns bislang nicht davon abgehalten, Kriege zu führen. Sie haben zu Ausschlüssen, zu Diskriminierungen, zu Ausbeutung und Unterwerfung geführt. Sie haben etwa dazu geführt, dass beispielsweise Frauen in Deutschland erst seit hundert Jahren wählen dürfen und so weiter. Und jede fixe Vorstellung vom Menschen hätte solche problematischen Konsequenzen. Wir brauchen zumindest ein flexibleres und dynamischeres Verständnis davon, was der Mensch ist, wenn wir denn überhaupt an dieser problematischen Kategorie festhalten wollen.

Wir brauchen ein Verständnis vom Menschlichen, das die Nichtvorhersagbarkeit, die Unkontrollierbarkeit, die Dynamik, die Flexibilität und Fluidität, die Nichtverfügbarkeit ernst nimmt. Das ist aber letztlich nichts, was nur dem Menschen eigen wäre – das wäre ja wieder so ein Versuch, eine fixe Wesensbestimmung des Menschen vorzunehmen. Eine Werkstattdefinition, die das Ungeheure und Nichtverfügbare ernst nimmt, ist eigentlich bereit, dieses Ungeheure und Unverfügbare, das Nichtprognostizierbare und Unkontrollierbare in allem zu sehen. Denn nicht nur Menschen sind unkontrollierbar, sondern eben auch alle anderen Wesen in diesem wunderschönen Kosmos. Die Werkstattdefinition vom Menschen als einem unverfügbaren Wesen führt letztlich zu einer Werkstattdefinition vom unverfügbaren Kosmos. Das ist alles, was wir bekommen können. Und es ist eine riesige Herausforderung, zu akzeptieren, dass wir nicht mehr bekommen können als das.

Diese Überlegungen haben natürlich sehr viele, sehr radikale Weiterungen, wenn man sich das Ganze auf lange Sicht hin anschaut. Vermutlich müssen wir unseren gesamten Gesetzeskatalog umschreiben, wenn wir auch Pflanzen, Tiere und Maschinen berücksichtigen wollen – oder anders berücksichtigen wollen, als wir das jetzt tun. Oder vielleicht gar nicht mehr an der Vorstellung eines fixen, autonomen, moralischen Handlungssubjekts festhalten wollen.

Aber das wäre es mir wert. Schließlich sollten wir so langsam gemerkt haben, dass wir in der Vergangenheit mit allen Definitionen vom Mensch-Sein, die wir ausprobiert haben, eigentlich immer große Probleme bekommen haben.

»WIR BRAUCHEN EIN FLEXIBLERES UND DYNAMISCHERES VERSTÄNDNIS DAVON, WAS DER MENSCH IST.«

TAG 6:

ETHIK DER GEFÄHRT*INNEN-SCHAFT

Tokio Flughafen, Rückflug,
22:00–23:00 Uhr.

Wie können wir uns nur für so wichtig halten? Müssten nicht alle Außerirdischen, die fraglos irgendwann die kläglichen Überreste der Menschen finden werden, in schallendes, alienhaftes Gelächter ausbrechen – gar nicht einmal darüber, wer wir (tatsächlich) waren, sondern insbesondere darüber, für wen wir uns gehalten haben? Es gibt viele ungeheure Dinge, aber wahrlich, nichts ist ungeheurer als die menschliche Arroganz!

Wir teilen die Welt in feste Kategorien ein – manche Wesen können moralische Handlungssubjekte sein (das sind meistens ausschließlich Menschen) und haben den höchsten moralischen Status inne. Andere Wesen (Pflanzen, Tiere, Maschinen) werden zumeist nicht als moralische Handlungssubjekte bezeichnet oder zumindest in ihrer moralischen Bedeutsamkeit im Vergleich mit dem Menschen herabgestuft beziehungsweise gleich aus dem moralischen Universum ausgeschlossen.

EIN PERSPEKTIVWECHSEL TUT NOT

Ich möchte mit meiner Idee von inklusiven Ansätzen die Perspektive ändern. Ich glaube, dass das Hauptproblem der herkömmlichen Ethikansätze ist, dass wir immer von einer fixen Vorstellung von einem autonomen und selbstständigen moralischen Handlungssubjekt ausgehen, das über bestimmte Kompetenzen verfügt.

Denn wie auch immer wir dieses Wesen genau definieren, es kommt demgegenüber immer zu Exklusionsbewegungen – es gibt immer einige Wesen, ob Pflanzen, Tiere oder Maschinen, die ausgeschlossen werden. Und wenn wir einen Blick in die Menschheits-

geschichte werfen, können wir auch viele Beispiele für die Diskriminierung bestimmter Menschengruppen finden.

Kurz gesagt: Unser herkömmliches Ethikverständnis ist strukturell diskriminierend.

Wir sind stolz darauf, dass wir dieses Wesen, das wir »Ich« nennen und dem wir so prominente Eigenschaften wie Verantwortung, Autonomie, einen freien Willen, Selbstgesetzgebung, Vernunft, Rationalität, Selbstbewusstsein, vielleicht eine Seele, mindestens aber personale Identität und zahlreiche weitere Kompetenzen zuschreiben, erschaffen haben.

Es heißt, dieses »Ich« habe in der Antike noch nicht in dieser Weise existiert. Damals haben sich die Menschen noch viel mehr als Spielbälle göttlicher Kräfte erlebt, nicht als autarke, selbstständige Wesen, die ihr Schicksal weitestgehend in den eigenen Händen halten. Das können wir schön an dem Begriff der Verantwortung sehen, der in der griechischen Antike so noch nicht existiert hat.

Zwar wird in der akademischen Philosophie gerne auf Aristoteles verwiesen, aber Aristoteles kannte diesen Begriff einfach noch nicht. Den Begriff der Verantwortung gibt es im Altgriechischen und Lateinischen nicht. Es gibt eine Vorstellung von Schuld, aber das ist nicht dasselbe wie Verantwortung. In der griechischen Antike wird über den Schuldbegriff eher die Verstrickung und das häufig ungewollte Eingebunden-Sein der Menschen in göttliche, kosmische und schicksalhafte Gegebenheiten ausgedrückt, nicht aber die Autonomie und Eigenständigkeit der Menschen. Sie wurden gar nicht als so autonom und eigenständig wahrgenommen.

FOKUS AUF DIE BEZIEHUNGEN

Mein Vorschlag wäre, es einmal mit einer Konzentration auf die Beziehungen, die Relationen, zu versuchen. Nicht die Subjekte sind die Voraussetzung für die Beziehungen, die sie miteinander eingehen, denn es gibt schlicht keine autonomen, autarken, monadischen Subjekte. Es ist lediglich unsere Arroganz, die uns das vorgaukelt.

Es sind vielmehr die Beziehungen, die erst das erschaffen, was wir rein oberflächlich als selbstständige Subjekte erkennen. Oder wie es die zwei kritischen Posthumanistinnen Karen Barad und Donna Haraway sagen: »Beziehungen hängen nicht von ihren Relata ab, sondern umgekehrt.« (Barad) »Wesen [...] existieren nicht vor ihren Verhältnissen und Beziehungen.« (Haraway) Also Beziehungen (Relationen) hängen nicht von denjenigen ab, die sie führen (die Relata), sondern umgekehrt entstehen die Subjekte (Relata) erst aus den Beziehungen (Relationen).

Wir haben üblicherweise die Vorstellung, dass wir eigenständig handelnde Wesen sind, die über bestimmte Fähigkeiten und Kompetenzen verfügen. Dass wir einen freien Willen haben, Verantwortung tragen, nachdenken und urteilen können, ein Selbstbewusstsein haben und vieles mehr. Und wir, diese eigenständig und autonom handelnden Wesen, treffen dann aufeinander und gehen Beziehungen miteinander ein, die dann von uns abhängig sind. Bin ich ein schlechter Mensch, werde ich schlechte Beziehungen führen. Eine Straftat wird auf eine*n Straftäter*in zurückgeführt, den oder die wir dann für das Tun bestrafen. So in etwa ist die Idee, ganz grob vereinfacht.

Die Theorie von Haraway und Barad

Donna Haraway und Karen Barad drehen das Verhältnis um, wenn sie sagen, dass die Beziehungen den Wesen vorausgehen: Das, was wir als eigenständig handelnde Wesen, als autonome Ichs wahrnehmen, ist nur ganz oberflächlich und grob vereinfacht so möglich. Eigentlich sind wir konstant und dauernd in Beziehungen eingebunden, durch die wir erst entstehen. Wenn wir »Ich« sagen, ist das immer nur eine grobe Momentaufnahme. Für gewöhnlich sagen wir, dass zwei oder mehr Menschen eine Liebesbeziehung eingehen, dass sozusagen aus dem Aufeinanderprallen dieser Handlungssubjekte eine Beziehung entsteht. Haraway und Barad würden umgekehrt sagen, dass etwas, das wir im Nachhinein als Liebesbeziehung bezeichnen, erst die Wesen hervorgebracht hat, von denen wir dann behaupten, dass sie schon vor dem Eingehen besagter Liebesbeziehung existiert hätten. Wir kennen alle den Satz, dass uns Beziehungen verändern, sogar zu »neuen« oder »ganz anderen« Menschen machen können. Haraway und Barad radikalisieren dieses Denken, indem sie sagen, dass Beziehungen »uns« erst entstehen lassen.

Inklusive Ansätze, wie etwa im kritischen Posthumanismus zu finden, gehen nicht von einer fixen Vorstellung von einem moralischen Handlungssubjekt aus, sondern die Beziehung stellt die grundlegende Analysekategorie dar. Nicht selbstständige Handlungssubjekte gehen Beziehungen miteinander ein, sondern durch Beziehungen werden Subjekte überhaupt erst geschaffen. Das, was wir als autonome Handlungssubjekte zu erkennen meinen, ist eine rein oberflächliche Sichtweise, von der wir auch nicht ganz lassen müssen. Aber »wir« als Handlungssubjekte werden fluide, bekommen dynamische Grenzen. Wir könnten besser sagen, dass das, was wir als »Ich« wahrnehmen, immer Teil eines größeren Apparats ist, in dem die Grenze, an der »Ich« aufhört und alles andere anfängt, nicht fix ist.

Einmal besteht ein solcher Apparat vielleicht aus »Ich« plus »Kleidung« plus »Armprothese« plus »Herzschrittmacher« plus »Auto«. Ein anderes Mal besteht ein Apparat vielleicht aus »Ich« plus »Kleidung« plus »Ich« plus »Kleidung« (also aus zwei Ichs, die beide Kleidung tragen). Oder ein Apparat besteht aus »schlafendes Wesen« plus »Nachthemd« plus »Bett«. Oder aus »aufrecht gehendes Wesen« plus »bellendes Wesen auf vier Beinen« plus »Leine«. Oder aus »aufrecht gehendes Wesen« plus »Maschinengewehr«. Oder aus »aufrecht gehendes Wesen« plus »aufrecht gehendes Wesen« plus »aufrecht gehendes Wesen«. Und so weiter.

UTOPIEN REALISIEREN SICH NICHT VON ALLEIN

Wenn wir eine Ethik formulieren, die nicht mehr darauf baut, moralische Individuen zu definieren, sondern die sich auf Beziehungen richtet, würde sich

sicherlich einiges ändern. Und ohne Zweifel ergäben sich aus dem fluiden, dynamischen Subjekt, das sich ständig wandelt und abhängig von einer konkreten Beziehung immer anders aussehen kann, auch große Herausforderungen. Aber Utopien realisieren sich nun einmal nicht von allein. Wir müssen uns für sie einsetzen und uns irgendwann auf den Weg begeben, der zu ihnen führt.

Ich stelle mir eine Welt sehr schön vor, in der es nicht um Freund*innen, sondern um Freundschaften, nicht um Gefährt*innen, sondern um Gefährt*innenschaften geht. Ich möchte in einer Gesellschaft leben, in der es keine Rolle mehr spielt, wie sich diejenigen, die in Beziehungen eingebunden sind, verstehen – ob als Menschen, Tiere, Maschinen, Pflanzen oder als was auch immer. Mich interessiert vielmehr, was das für Beziehungen sind, durch die »sie« überhaupt erst entstehen. Eine Gesellschaft der Freundschaften und Gefährt*innenschaften – das ist meine Utopie einer inklusiven Ethik.

Besagte Außerirdische, die fraglos irgendwann im staubigen Wind dieses Planeten stehen werden, brechen dann vielleicht nicht mehr in schallendes, alienhaftes Gelächter über diese unfassbar arrogante Spezies aus.

Es gibt zwei in meinen Augen hoffnungsvolle Möglichkeiten, wie die Aliens (als die ich sie gerade nur zu sehen in der Lage bin) in einer fernen Zukunft auf dem Planeten Erde landen könnten. Zum einen nicht etwa mit der Frage danach, wer wir waren, sondern danach, was hier passiert ist, welche Beziehungen sich entwickelt haben, welche Strukturen darauf aufbauend gebildet wurden. Zum anderen erkennen sie vielleicht, dass »wir« diejenigen »waren«, die sich auf den Weg begeben haben. Auf die Suche nach einer echten Alternative.

Das Miraikan in Tokio ist ein Museum für Zukunftstechnologien. Auf dem *Geo-Cosmos* in der Mitte zeigen Satellitenbilder den Zustand der Erde in Echtzeit genau so, wie unser Planet aus dem Weltall aussieht.

‹ VERANTWORTUNG

ZUKUNFT ›

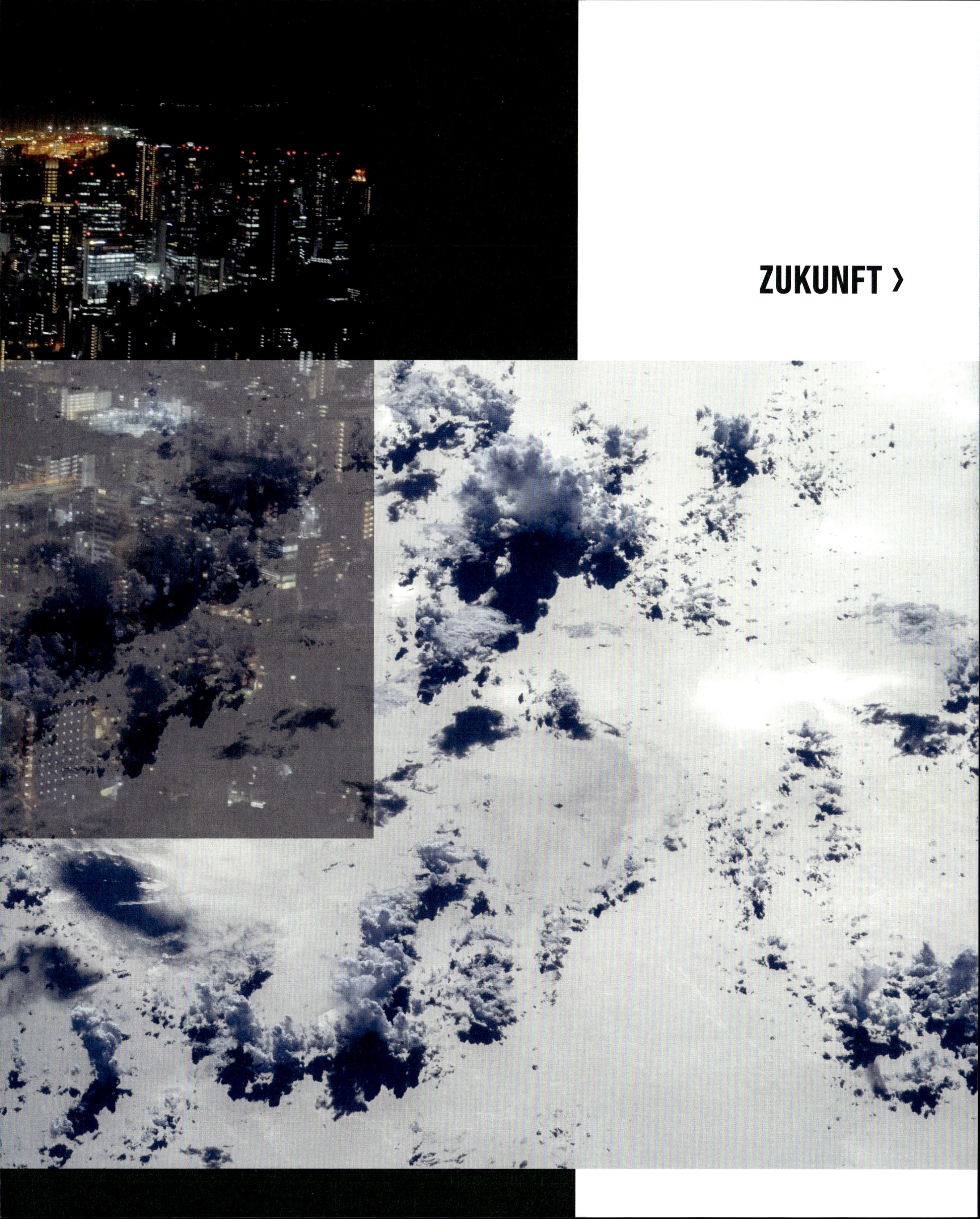

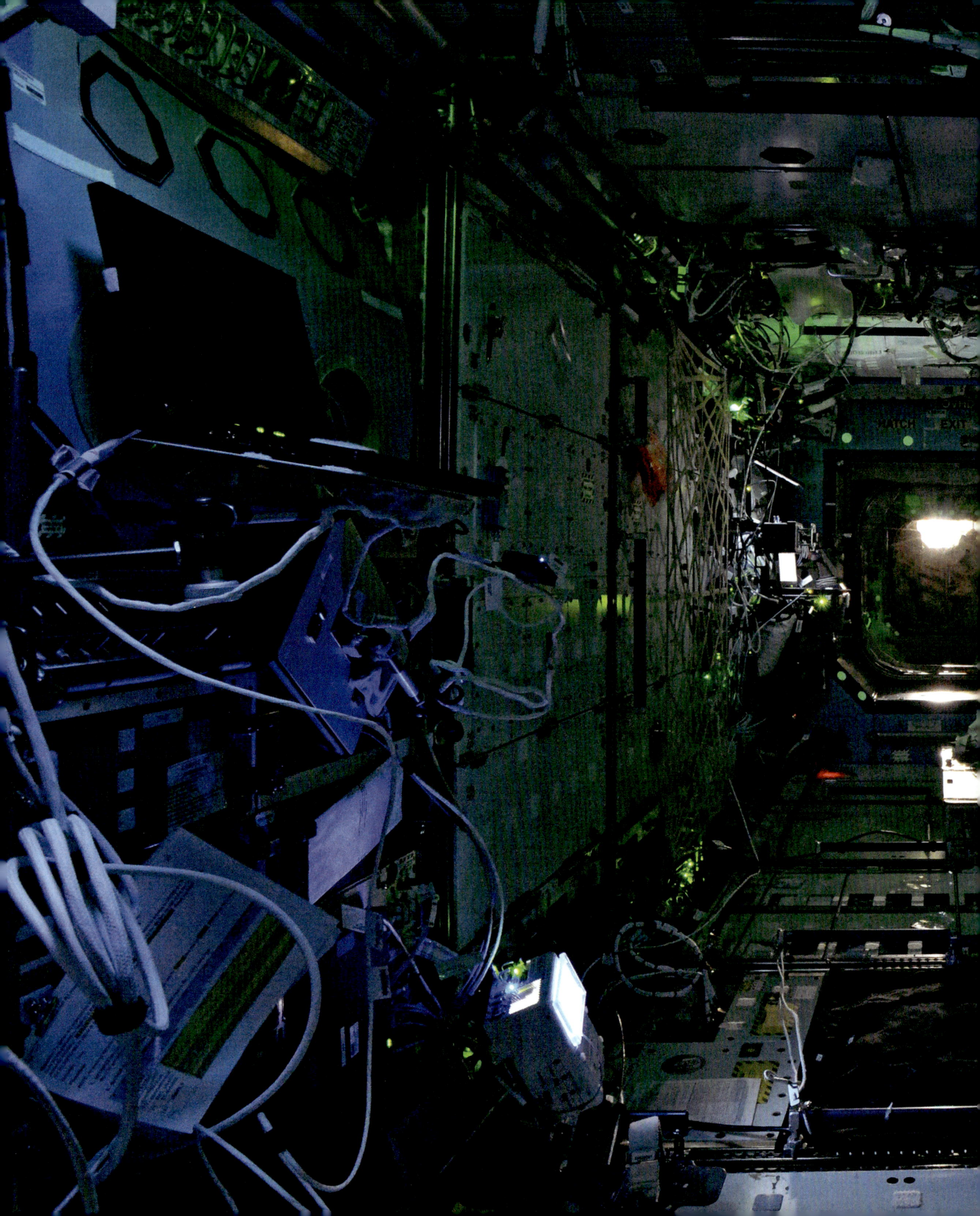
HATCH
EXIT

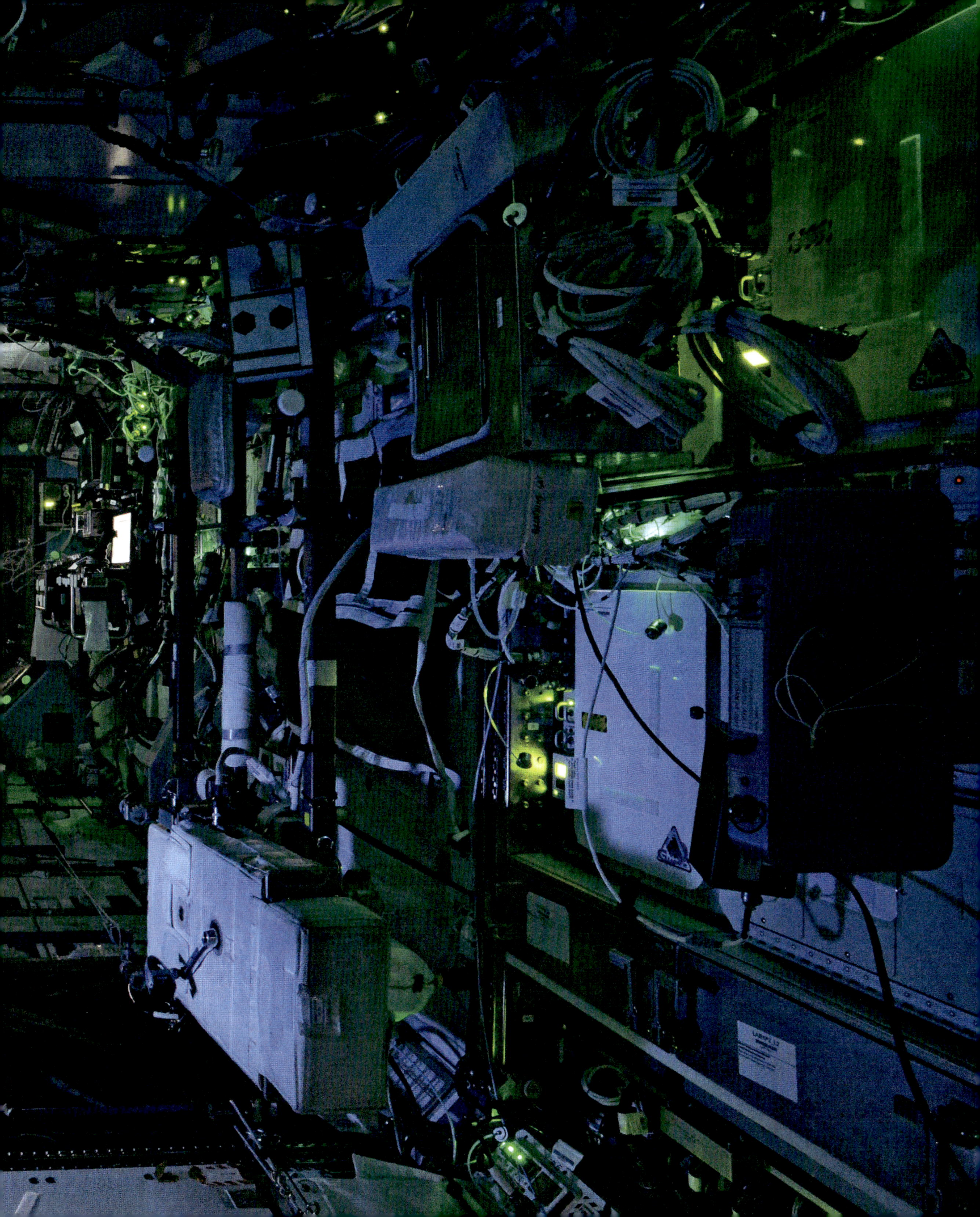

»LIEBE ENKELKINDER,

Ihr seid noch nicht auf der Welt, und ich weiß noch nicht, ob ich Euch jemals treffen werde. Deshalb habe ich beschlossen, Euch diese Nachricht hier aufzuzeichnen. Ich befinde mich gerade auf der internationalen Raumstation im Cupola-Aussichtsmodul und schaue auf Euren wunderschönen Planeten hinunter. Und obwohl ich bis jetzt schon fast ein Jahr im All verbracht habe und an jedem einzelnen Tag da hinunter geschaut habe, kann ich mich einfach nicht daran satt sehen.

Ich weiß, es hört sich für Euch vermutlich komisch an, aber zu der Zeit, als die ISS gebaut wurde und hier oben im Orbit war, konnte noch nicht jeder Mensch in den Weltraum reisen und die Erde von außen sehen. Vor mir waren es gerade mal um die 500 Menschen. Im Moment leben da unten auf diesem Planeten 7 Milliarden Menschen. Und nur drei einzelne davon leben im Weltraum. Und wenn ich so auf den Planeten hinunterschaue, dann denke ich, dass ich mich bei Euch wohl leider entschuldigen muss.

Im Moment sieht es so aus, als ob wir, meine Generation, Euch den Planeten nicht gerade im besten Zustand hinterlassen werden. Im Nachhinein sagen natürlich immer viele Leute, sie hätten davon nichts gewusst.

Aber in Wirklichkeit ist es uns Menschen schon sehr klar, dass wir im Moment den Planeten mit Kohlendioxid verpesten, dass wir das Klima zum Kippen bringen, dass wir Wälder roden, dass wir die Meere mit Müll verschmutzen, dass wir die limitierten Ressourcen viel zu schnell verbrauchen und dass wir zum Großteil sinnlose Kriege führen.

Und jeder von uns muss sich da an die eigene Nase fassen und sich überlegen, wohin das gerade führt. Ich hoffe sehr für Euch, dass wir noch die Kurve kriegen und ein paar Dinge verbessern können. Und ich würde mir wünschen, dass wir nicht bei Euch als die Generation in Erinnerung bleiben, die Eure Lebensgrundlage egoistisch und rücksichtslos zerstört hat. Ich bin mir sicher, dass Ihr die Dinge sehr viel besser versteht als meine Generation.

Und wer weiß, vielleicht lernen wir ja auch noch etwas dazu: dass ein Blick von außen immer hilft. Dass dieses zerbrechliche Raumschiff Erde sehr viel kleiner ist, als die allermeisten Menschen sich das vorstellen können. Wie zerbrechlich seine Biosphäre ist und wie limitiert seine Ressourcen. Dass es sich lohnt, mit seinen Nachbarn gut auszukommen. Dass Träume wertvoller sind als Geld. Und dass man ihnen eine Chance geben muss. Dass Jungen und Mädchen Dinge genauso gut können, aber dass doch jeder oder jede von Euch eine Sache hat, die er oder sie besser kann als alle Anderen. Dass die einfachen Erklärungen oft die falschen sind und dass die eigene Sichtweise immer unvollständig ist. Dass die Zukunft wichtiger ist als die Vergangenheit und dass man niemals ganz erwachsen werden soll. Dass Gelegenheiten immer nur einmal kommen. Und dass man für Dinge, die es wert sind, auch mal ein Risiko eingehen muss. Dass ein Tag, an dem man was Neues entdeckt hat, über seinen Horizont hinaus geschaut hat, ein guter Tag ist.

Ich wünschte mir, ich könnte durch Eure Augen in die Zukunft schauen – in Eure Welt und wie Ihr sie seht. Das geht leider nicht und deswegen ist das Einzige, was mir bleibt, zu versuchen, Eure Zukunft möglich zu machen. Und zwar die beste, die ich mir vorstellen kann.«

Internationale Raumstation,
Kommandant der Expedition 57,
Alexander Gerst, 25. November 2018,
400 Kilometer über der Erdoberfläche

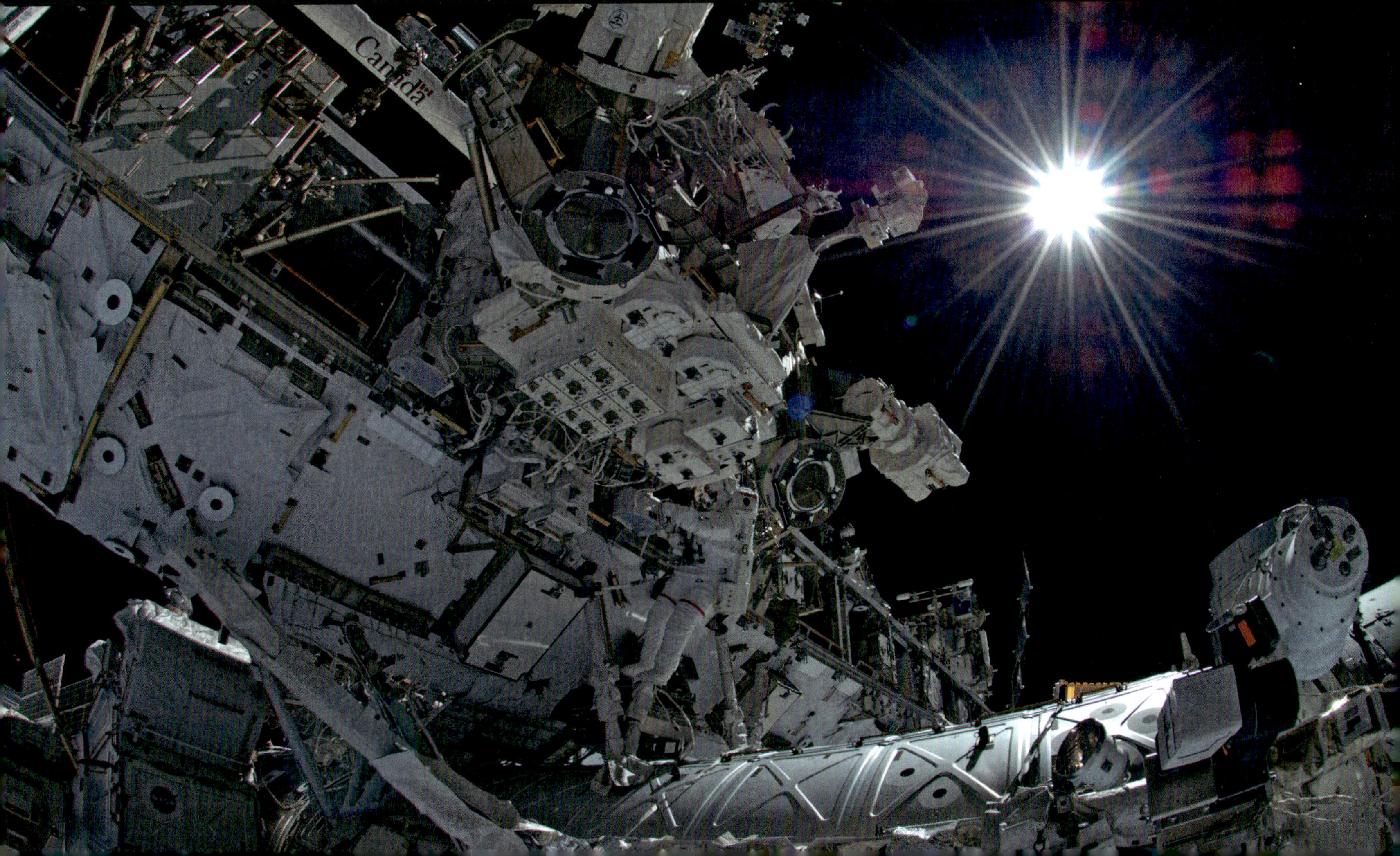
Canada

3 Gute Gesundheit und Wohlbefinden

– Seien Sie aktiv und ernähren Sie sich gesund.
– Nehmen Sie sich Zeit für sich und Ihre Freunde.

7 Erschwingliche und saubere Energie

– Nutzen Sie Energiesparmöglichkeiten für das Gebäude, in dem Sie wohnen.
– Beziehen Sie Strom aus erneuerbaren Energiequellen.

1 Keine Armut

– Kaufen Sie fair gehandelte Produkte.
– Leisten Sie ehrenamtliche Arbeit, z.B. in Schulen oder Obdachlosenheimen. Ihre Zeit kann mehr wert sein als Geld.

2 Kein Hunger

– Unterstützen Sie Nahrungsmittelprogramme, die etwa Schulen in Entwicklungsländern versorgen. Wenn dort ein Mittagessen verfügbar ist, steigt die Teilnahme deutlich.
– Spenden Sie haltbare Lebensmittel an Wohltätigkeitsorganisationen.

12 Verantwortungsbewusster Konsum und Produktion

– Kaufen Sie saisonale, lokale und nachhaltige Produkte.
– Reparieren und recyceln Sie, wann immer das möglich ist.

13 Klimaschutzmaßnahmen

– Spenden Sie an Initiativen, die Wälder aufforsten – eines der wirksamsten Mittel zum Klimaschutz.
– Unterstützen Sie die Forderungen der Wissenschaft nach einem angemessenen CO_2-Preis.

8 Gute Arbeit und wirtschaftliches Wachstum

– Unterstützen Sie internationale Kampagnen zur Beendigung von Zwangsarbeit, Menschenhandel und Zwangsehen.
– Engagieren Sie sich in Ihrem Land für faire Löhne in sozialen Diensten wie etwa der Alten- und Krankenpflege.

14 Leben unter der Wasseroberfläche

– Unterstützen Sie Meeresschutzorganisationen.
– Vermeiden Sie seltene Speisefischarten sowie Produkte, die Mikroplastik enthalten. Ein Großteil der Kunststoffe sammelt sich in Gewässern an.

15 Leben auf dem Land

– Treten Sie für den Erhalt von Biotopen ein, die der Biodiversität dienen.
– Essen Sie weniger Fleisch. Die Nutztierwirtschaft erzeugt erhebliche Treibhausgasemissionen.

Starke Rückkopplung der Verbesserungen in zwei verschiedenen Bereichen

Schwächere Rückkopplung der Verbesserungen in zwei Bereichen

WAS WIR ALLE IM ALLTAG ÄNDERN KÖNNEN

11 Nachhaltige Städte und Gemeinden

- Regen Sie Maßnahmen an, um die CO_2-Bilanz Ihrer Stadt zu verbessern.
- Nutzen Sie öffentliche Verkehrsmittel oder das Fahrrad.

5 Gleichberechtigung

- Engagieren Sie sich für eine gleichmäßigere Vertretung der Geschlechter in Führungspositionen.
- Die Gleichstellung der Geschlechter beginnt zu Hause.

10 Verringerte Ungerechtigkeit

- Nutzen Sie eine Bank, die in soziale Projekte investiert.
- Trinken Sie einmal im Monat einen Kaffee mit jemandem, der sich von Ihnen unterscheidet, sei es im Glauben, von der Kultur oder vom Alter her.

6 Sauberes Wasser und Sanitäranlagen

- Unterstützen Sie Organisationen wie »Viva con Agua«, die bedürftige Regionen mit Wasser versorgen.
- Gehen Sie selbst sparsam mit Wasser um. Entsorgen Sie keine giftigen Chemikalien wie Farben oder Medikamente in der Toilette.

16 Frieden, Gerechtigkeit und starke Institutionen

- Informieren Sie sich über politische Entscheidungsprozesse und nehmen Sie an Wahlen teil.
- Helfen Sie Organisationen, die sich gegen Gewalt oder für Minderheiten einsetzen.

17 Partnerschaften eingehen, um Ziele zu erreichen

- Suchen Sie Synergien und Kooperationen. Tauschen Sie Wissen und Technologien aus.
- Sorgen Sie zu Hause für gute Teamarbeit.

4 Gute Bildung

- Unterstützen Sie Organisationen, die Bildungsarbeit in den ärmsten Regionen der Welt leisten.
- Bieten Sie kostenlose Nachhilfe für Migrant*innen oder Kinder aus prekären Verhältnissen an.

9 Industrie, Innovation und Infrastruktur

- Fördern Sie eine nachhaltige Infrastruktur und umweltfreundliche Technologien.
- Machen Sie Städte lebenswert: Verwandeln Sie leere Gebäudedächer und Asphaltflächen in grüne Oasen.

Die großen Weichen unserer Zukunft werden auf internationalen Bühnen gestellt – in der Politik und der globalisierten Wirtschaft. Und doch kann jeder Mensch einen Unterschied machen: In der »Agenda 2030« haben die Vereinten Nationen 17 große, gemeinsame Ziele für eine nachhaltige Entwicklung definiert. Hier zu jedem zwei Beispiele, wie wir im Alltag mit dazu beitragen können, dass wir sie als Weltgemeinschaft erreichen.

Quellen: UN, Nationale Akademie der Wissenschaften Leopoldina, ETH Zürich, Amnesty International

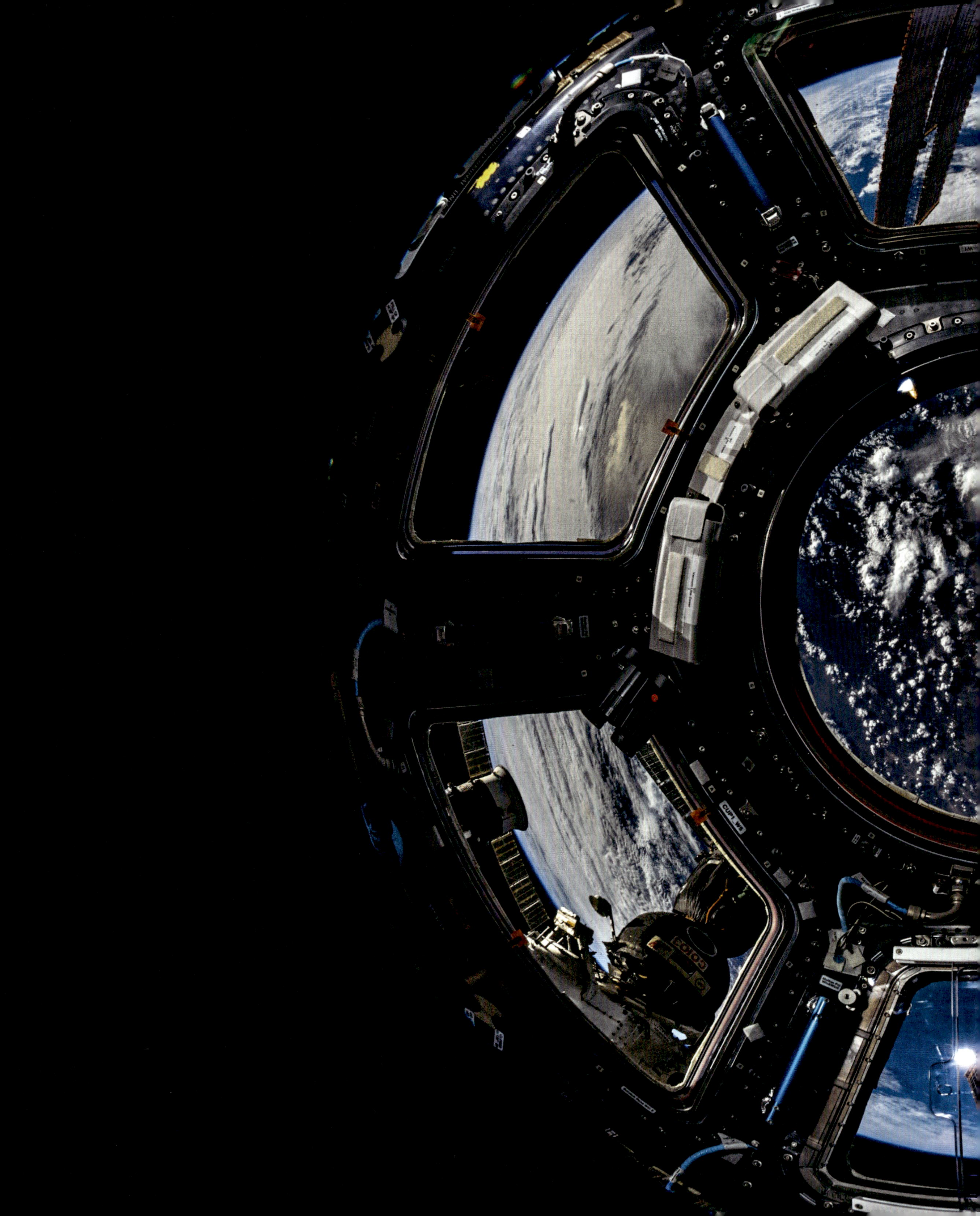

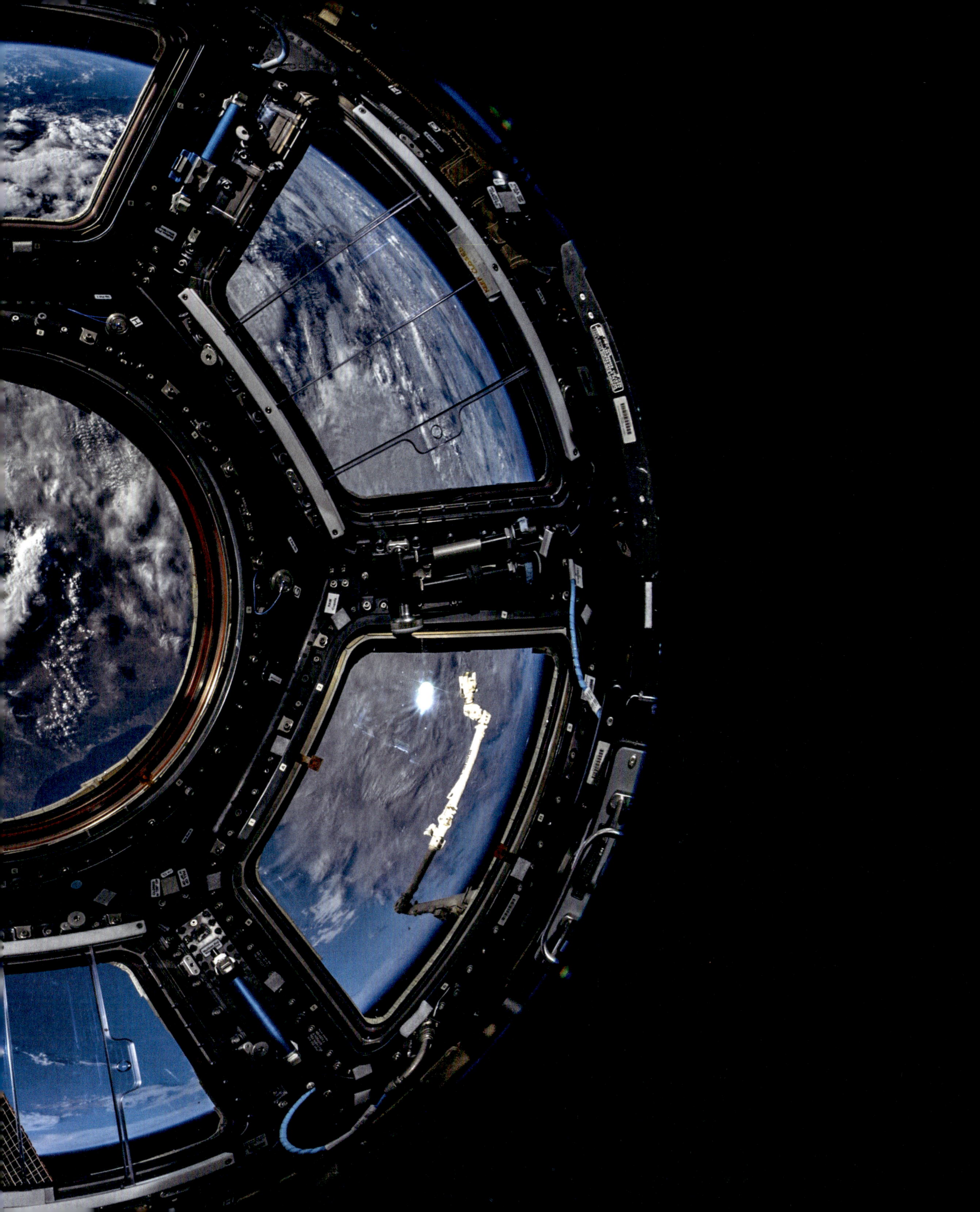

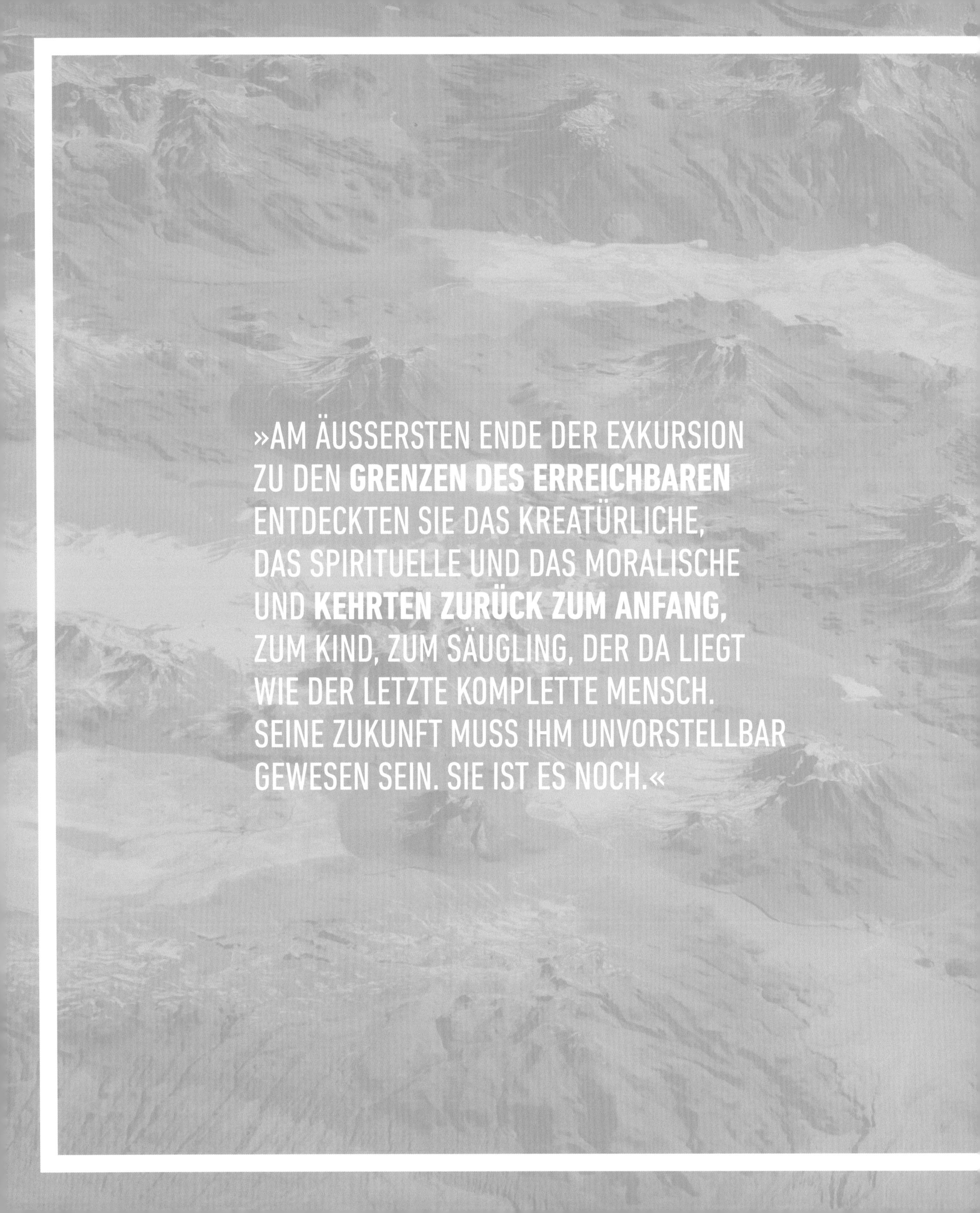

»AM ÄUSSERSTEN ENDE DER EXKURSION
ZU DEN **GRENZEN DES ERREICHBAREN**
ENTDECKTEN SIE DAS KREATÜRLICHE,
DAS SPIRITUELLE UND DAS MORALISCHE
UND **KEHRTEN ZURÜCK ZUM ANFANG,**
ZUM KIND, ZUM SÄUGLING, DER DA LIEGT
WIE DER LETZTE KOMPLETTE MENSCH.
SEINE ZUKUNFT MUSS IHM UNVORSTELLBAR
GEWESEN SEIN. SIE IST ES NOCH.«

ROGER WILLEMSEN

ÜBER DIE AUTOR*INNEN UND HERAUSGEBER

DIE AUTOR*INNEN:

Dr. Roger Willemsen (1955–2016) war Schriftsteller, Moderator, Regisseur und Produzent für das Fernsehen, Honorarprofessor für Literaturwissenschaft an der Humboldt-Universität in Berlin sowie Schirmherr des Afghanischen Frauenvereins. Er stand mit zahlreichen Soloprogrammen auf der Theaterbühne. Zuletzt erschienen im S. Fischer Verlag seine Bestseller *Das Hohe Haus* und *Wer wir waren* sowie die Textauswahl *Unterwegs. Vom Reisen* und *Willemsens Jahreszeiten*. Über sein umfangreiches Werk informiert der Band *Der leidenschaftliche Zeitgenosse*. Roger Willemsen starb am 7. Februar 2016 in Wentorf bei Hamburg. Seinen literarischen Nachlass verwaltet die Literaturkritikerin und Moderatorin **Insa Wilke** (*1978).

www.roger-willemsen.de

Dr. Sylvia Earle (*1935) gilt nicht nur unter Fachleuten als Grand Dame der Meeresforschung. Sie hat mehr als 100 Expeditionen geleitet, viele davon in die Tiefsee. Ihre jahrzehntelangen Erfahrungen, mit immer neuen technischen Mitteln in unbekannte Welten vorzustoßen, brachten ihr unter anderem einen Beratervertrag bei der NASA ein. Für Earle ist es allerdings unbegreiflich, wie wenig wir bislang über den größten Teil unseres eigenen Heimatplaneten wissen: über den Ozean – das Rückgrat des Lebens. Sylvia Earle setzt sich deshalb mit ihrer Organisation Mission Blue vehement für den Schutz der Weltmeere ein.

www.mission-blue.org

Dr. Alexander Gerst (*1976) promovierte an der Universität Hamburg mit einer geophysikalischen Arbeit über den aktiven Vulkan Mount Erebus in der Antarktis. Seit September 2009 gehört er dem Astronautenkorps der Europäischen Weltraumorganisation ESA an. Zweimal, 2014 und 2018, nahm er seither an Missionen zur Internationalen Raumstation ISS teil – und zeigte mit Fotos und Nachrichten aus dem All dabei Millionen von Menschen, wie klein und empfindlich die Erde im Kosmos wirkt. Gerst engagiert sich als UNICEF-Botschafter und erhielt zahlreiche Ehrungen, unter anderem zweimal das Bundesverdienstkreuz.

www.esa.int/Space_in_Member_States/Germany/Biographie_von_Alexander_Gerst

Dr. Felwine Sarr (*1972) lehrt als Professor für Wirtschaftswissenschaften an der Gaston Berger Universität in Saint-Louis, Senegal, und seit 2020 Romanistik an der Duke University in den USA. 2018 untersuchte er zusammen mit der Kunsthistorikerin Bénédicte Savoy im Auftrag von Frankreichs Präsident Emmanuel Macron die Möglichkeiten der Rückgabe französischer Raubkunst nach Afrika. Sarr ist Philosoph, Musiker und Autor des Manifests *Afrotopia*, mit dem er weltweit für Diskussionen sorgte. Er beschäftigt sich u. a. mit Fragen der globalen Chancengerechtigkeit und ist Vertreter eines neuen afrikanischen Selbstbewusstseins.

Dr. Dennis Snower (*1950) hat sich als Ökonom vom einst glühenden Verfechter eines traditionell marktwirtschaftlich geprägten Denkens zu einem fundierten Kritiker gewandelt. Heute engagiert er sich dafür, Werte der Ökologie, Psychologie und Soziologie in wirtschaftliche Entscheidungen mit einzubeziehen – um so die blutleere Idee des Homo Oeconomicus abzulösen. Zunächst an der Spitze des Kieler Instituts für Weltwirtschaft (IfW), steht er seit 2019 als Präsident des internationalen Think Tank Netzwerkes »Global Solutions Initiative« für diese Ideen ein. Diese Initiative avancierte mittlerweile zum intellektuellen Rückgrat der G20-Gipfel. Snower, der Gedichte schreibt und früher als klassischer Pianist auftrat, stellte 2020 der Öffentlichkeit sein neues Modell für den Wohlstand aller vor.

www.global-solutions-initiative.org

Dr. Matthieu Ricard (*1946) promovierte als Molekularbiologe bei Nobelpreisträger Francois Jacob, bevor er Anfang der 1970er-Jahre der klassischen Wissenschaft den Rücken kehrte und buddhistischer Mönch in Nepal wurde. Seit 1989 ist er zudem offizieller Französisch-Übersetzer für den Dalai Lama. Ricard ist Mitglied des *Mind & Life Institute*, einer Organisation, die sich der Erforschung des Themas »Caring Economics« aus akademischer und buddhistischer Sicht widmet. Daneben wirkt er an zahlreichen Forschungsprojekten über die Effekte der Meditation auf das Gehirn mit. Matthieu Ricard lebt zurückgezogen am Fuß des Himalayas und engagiert sich mit seiner Organisation Karuna Shechen für Gesundheit und Bildung sozial Benachteiligter in Indien, Nepal und Tibet.

www.karuna-shechen.org

Dr. Janina Loh (*1984) lehrt Philosophie und Roboterethik an der Universität Wien und hat an der Humboldt-Universität zu Berlin studiert. Dort promovierte sie mit einer Arbeit zum Verantwortungskonzept bei Hannah Arendt, auf die Loh bei der Auseinandersetzung mit den Herausforderungen unserer Gegenwart immer wieder zurückkommt. So zum Beispiel in ihrem 2019 bei Suhrkamp erschienenen Buch *Roboterethik*, das sich kritisch mit den moralischen Herausforderungen im Umgang mit Robotern auseinandersetzt. Oder in der ersten deutschsprachigen Einführung in den Trans- und Posthumanismus aus dem Jahr 2018, worin sie sich mit Theorien zur Perfektionierung des Menschen und seiner Sterblichkeit beschäftigt. Für die eloquente Technikphilosophin steht fest: Hätte sich die Menschheit vor uns so passiv verhalten wie wir jetzt gerade angesichts der Herausforderungen durch die Digitalisierung, gäbe es weder Demokratie noch Frauenrechte.

https://philtech.univie.ac.at/

DIE HERAUSGEBER:

Marc Bauder (*1974) studiert zunächst Wirtschaftswissenschaften in Köln, St. Gallen und New York, später dann an der Filmuniversität Babelsberg. 1999 gründet er seine eigene Produktionsfirma und realisiert zunächst Dokumentarfilme. 2011 folgt sein preisgekröntes Spielfilm-Debüt *DAS SYSTEM*. Für den Kinodokumentarfilm *MASTER OF THE UNIVERSE* über die Finanzkrise wird er 2014 mit dem Europäischen Filmpreis ausgezeichnet. Anlässlich des 25. Jahrestages des Mauerfalls 2014 realisiert er zusammen mit seinem Bruder Christopher das Projekt *LICHTGRENZE*, für das die Brüder 2015 mit dem Verdienstorden des Landes Berlin ausgezeichnet werden. 2016 folgt Bauders zweiter Spielfilm, *Dead Man Working*, für den er 2017 den Grimme-Preis erhält.

www.bauderfilm.de

Lars Abromeit (*1974) ist Wissenschaftsjournalist, Buch- und Filmautor. Er studierte Rechtswissenschaften und Biologie in Freiburg und Sydney und besuchte die Henri-Nannen-Journalistenschule in Hamburg. Seit 2006 leitet er in der GEO-Redaktion den Bereich »Abenteuer und Expeditionen«: Für seine Reportagen begleitet er Forscher und Umweltschützer in Regenwäldern und Wüsten, Gebirgen und Ozeanen. Seit einer gemeinsamen Antarktis-Expedition 2005 arbeitet Abromeit regelmäßig auch mit dem Astronauten Alexander Gerst zusammen. Für seine Arbeit wurde er vielfach ausgezeichnet, unter anderem mit dem Henri-Nannen-Preis und dem CNN Journalist of the Year Award.

Quellennachweis

Bildnachweis:
Der Verlag dankt folgenden Personen und Organisationen für die freundliche Genehmigung zum Abdruck von Fotos:

(Abkürzungen: o = oben, u = unten, l = links, r = rechts)

Hisashi Ishihara/Graduate School of Engineering, Osaka University, Affettophoto: 169; Alexander Gerst/ESA/NASA/ISS-Crew: 6/7 (Hintergrund), 14/15, 16 (o), 19, 20/21, 22, 23, 24, 26, 29, 32 (o), 33, 34/35, 104/105 (Hintergrund), 185, 186/187, 189, 190/191, 194/195, 196/197 (Hintergrund); Börres Weiffenbach/bauderfilm: 4/5, 11, 16 (u), 17, 18, 27, 28, 32 (u), 38, 39, 40/41, 42 (u), 43, 44 (o), 45 (o), 47, 48 (u), 53, 54/55, 56, 57, 60, 61, 62, 63, 64, 65 (o), 66, 70, 71, 72/73, 74 (u), 74 (o), 75, 76, 77, 78, 79, 81, 84, 85 (ol), 86, 87, 88, 89, 90/91, 92, 93 (r), 94, 95, 96/97, 98, 99, 100, 101, 106, 107, 108/109, 110 (o), 113, 114, 115, 116, 117, 118, 119, 122, 123, 128, 130/131, 132, 134, 135, 136, 137, 138/139, 140, 141, 142, 143, 144, 145, 146, 147, 148, 149, 152, 153, 154/155, 156, 157, 158, 159, 160, 161, 162, 163, 164/165, 168, 170, 171, 172 (u), 173, 176, 177, 178/179, 180, 181, 182/183, 184, 198/199; ESA – S. Corvaja: 2; ESA/NASA/ISS-Crew/bauder-film: 17, 18, 27, 28, 32 ESA/NASA/ISS-Crew: 25 (ur), 30, 31; Getty Images/iStock: 65 (u) samvaltenbergs, **80** aroundtheworld.photography, **82** 12MN. **83** 12MN, **85 (or)** Javier Jimenez, **120** Kee Seng Chew, **121** Janos; **Global Solutions Initiative: 110 (u), 124, 125; Hiroshi Ishiguro Laboratories (ATR): 164, 166, 170, 171, 172 (o), 174, 175; Hisashi Ishihara/Institute for Open and Transdisciplinary Research Initiatives (OTRI): 167; Jeff Miller/University of Wisconsin-Madison/Matthieu Ricard: 126, 127, 129; MissionBlue/Kip Evans: 42 (o), 45 (u), 58, 59, 67; MARUM – Zentrum für Marine Umweltwissenschaften, Universität Bremen** (CC-BY 4.0): **48 (o); MBARI: 46** (Halitrephes maasi), **49 (l)** (Coryphaenoides_armatus), **49 (r)** (Chaetopterus_pugaporcinus, Karen Osborn/MBARI); **52 (r)** (Galiteuthis phyllura); **mission-blue.org: 68/69; NOAA Okeanos Explorer Program: 52 (l); NOAA Office of Ocean Exploration and Research: 44 (ul); NOAA Photo Library: 44 (ur), 50, 51.**

Autor*innen- und Herausgeberfotos: Mathias Bothor/photoselection: 200 (Willemsen); **Todd Brown: 200** (Earle); **ESA: 200** (Gerst); **Antoine Tempé: 200** (Sarr); **Christina Kloodt: 201** (Snower); **Börres Weiffenbach: 201** (Ricard); **Katharina Gossow: 201** (Loh); **Lars Borges: 201** (Bauder); **Sebi Berens: 201** (Abromeit).

Cover: *Vorn:* Alexander Gerst/ESA/NASA/ ISS-Crew, Ariane Spanier; *Hinten:* Alexander Gerst/ESA/NASA/ISS-Crew.

Textnachweis:
S. 6, 104, 196: Roger Willemsen: Wer wir waren, hrsg. von Insa Wilke, mit freundlicher Genehmigung des Fischer Verlags, Frankfurt am Main 2016
S. 36/37: Quelle (und weitere, länderspezifische Informationen): https://showyourstripes.info/
S. 68/69: Quellen: T. Hengl, National Center for Ecological Analysis and Synthesis (NCEAS); Mission Blue; Deutsches Zentrum für Luft- und Raumfahrt (DLR)/Earth Observation Center (EOC)
S. 76–100: Felwine Sarr/ERSTE Stiftung: *Plädoyer für eine Ökonomie des Lebendigen,* aus dem Französischen von Laura Scheifinger und Mari Hiraoka, 18.06.2020;
Felwine Sarr/ERSTE Stiftung: *Prosperität,* aus dem Französischen von Laura Scheifinger. Dieser Text ist das Transkript eines Vortrages, der anlässlich der Tipping Point Talks 2019 der ERSTE Stiftung am 27. November 2019 in Wien gehalten wurde;
Felwine Sarr, *Zeit für Utopie,* in Süddeutsche Zeitung, 21.04.2020, mit freundlicher Genehmigung der Süddeutsche Zeitung GmbH
S. 102/103: Quelle: Global Footprint Network, overshootday.org/footprintnetwork.org
S. 116: Charles Darwin: *Die Abstammung des Menschen und die geschlechtliche Zuchtwahl,* übersetzt von J. Victor Carus, Stuttgart: Schweizerbart 1871, S. 60
S. 145–148: Dennis J. Snower, Katharina Lima de Miranda: Gastbeitrag in DIE ZEIT, 20.02.2020, mit freundlicher Genehmigung der ZEIT Verlagsgruppe
S. 150/151: Quelle: www.recoupling-dashboard.org
S. 192/193: Quelle: UN, Nationale Akademie der Wissenschaften Leopoldina, ETH Zürich, Amnesty International

Als Herausgeber danken wir herzlich

allen Protagonist*innen und Autor*innen für die vertrauensvolle und inspirierende Zusammenarbeit,

dem Team des Dorling Kindersley Verlags für die Geduld mit uns und den Einsatz bei der Erstellung des Buchs,

allen Beteiligten hinter der Kamera während der Dreharbeiten für WER WIR WAREN, sowie Leila Hamid und Martin Kochendörfer vom X Verleih,

der GEO-Redaktion und dem Verlag Gruner + Jahr für die Unterstützung dieser Kooperation,

und ganz besonders unseren Familien, dass sie uns Halt geben.

Die CO_2-Emissionen aller Flüge für dieses Projekt wurden kompensiert mit *atmosfair*.

Alle Autor*innen haben ihre Beiträge zum Buch honorarfrei zur Verfügung gestellt.

Der Film WER WIR WAREN erscheint beim X Verleih
www.werwirwaren.de

DK | Penguin Random House

Herausgeber Marc Bauder, Lars Abromeit
Beratende Herausgeberin Dörte Franke
Texte Insa Wilke, Alexander Gerst, Sylvia Earle, Felwine Sarr, Matthieu Ricard, Dennis Snower, Katharina Lima da Miranda, Janina Loh, Lars Abromeit, Marc Bauder, Dörte Franke
Übersetzung Bookwise (3. Kapitel), Birgit Reit (4. Kapitel)
Lektorat Brigitte Rüßmann, Wolfgang Beuchelt (Scriptorium – Köln)
Infografiken Axel Kowalewsky
Innengestaltung, Typografie, Realisation Jefferson & Högerle
Covergestaltung Ariane Spanier, Jefferson & Högerle

Für den DK Verlag:
Programmleitung Monika Schlitzer
Redaktionsleitung Dr. Kerstin Schlieker
Projektbetreuung Dr. Kerstin Schlieker, Carola Wiese
Herstellungsleitung Dorothee Whittaker
Herstellungskoordination Bettina Bähnsch
Herstellung Jenny Kolbe, Sabine Hüttenkofer

ISBN 978-3-8310-4219-7

Repro Farbsatz, Neuried/München
Druck und Bindung Neografia, Slowakei

FSC www.fsc.org
MIX
Paper from responsible sources
FSC® C020353

www.dk-verlag.de

NOCH MEHR ZU DEN THEMEN UMWELTSCHUTZ UND NACHHALTIGKEIT

ISBN 978-3-8310-3895-4
16,95 € [D] / 17,50 € [A]

ISBN 978-3-8310-4140-4
12,95 € [D] / 13,40 € [A]

ISBN 978-3-8310-4074-2
12,95 € [D] / 13,40 € [A]

ISBN 978-3-8310-3913-5
24,95 € [D] / 25,70 € [A]